中央财政支持地方高校发展专项资金项目

贵州省区域内一流学科建设项目

贵州省特色重点学科建设项目

中国政府行政软实力
建设研究

吴 帅 著

中国社会科学出版社

图书在版编目（CIP）数据

中国政府行政软实力建设研究/吴帅著 . —北京：中国社会
科学出版社，2018.1
（21 世纪中国地方公共治理现代化研究）
ISBN 978 – 7 – 5203 – 2147 – 1

Ⅰ. ①中… Ⅱ. ①吴… Ⅲ. ①国家行政机关—行政管理—
研究—中国 Ⅳ. ①D630.1

中国版本图书馆 CIP 数据核字（2018）第 037798 号

出 版 人	赵剑英	
责任编辑	刘晓红	
责任校对	孙洪波	
责任印制	戴　宽	

出　　版	中国社会科学出版社	
社　　址	北京鼓楼西大街甲 158 号	
邮　　编	100720	
网　　址	http：//www.csspw.cn	
发 行 部	010 – 84083685	
门 市 部	010 – 84029450	
经　　销	新华书店及其他书店	

印　　刷	北京明恒达印务有限公司	
装　　订	廊坊市广阳区广增装订厂	
版　　次	2018 年 1 月第 1 版	
印　　次	2018 年 1 月第 1 次印刷	

开　　本	710×1000　1/16	
印　　张	9.75	
插　　页	2	
字　　数	145 千字	
定　　价	46.00 元	

凡购买中国社会科学出版社图书，如有质量问题请与本社营销中心联系调换
电话：010 – 84083683

前　言

　　软实力理论兴起于西方，但西方并不独享软实力的资源和话语权。20 世纪 80 年代，美国著名政治学家约瑟夫·奈基于对美国政治价值观、政治文化甚至生活方式等在国际社会影响力、吸引力的宣扬，以全球化的视角提出"软实力"这一术语。约瑟夫·奈建构的软实力理论，由政治价值观、外交政策和文化三个主要要素组成，并以这三个要素形成软实力理论的分析框架。"软实力"诞生后，很快成为风靡全球的流行概念，它深刻地改变了人们对国际关系、权力关系等的看法，使人们由以往单向度的关注"硬实力"，转向对一国文化、价值取向、历史传统等"软实力"的关注。"软实力"对中国的影响较早。20 世纪 90 年代初，结合中国自身的资源优势，国内已有学者开始引进"软实力"理论。在近 30 年的本土化发展过程中，学界已经产生文化软实力、经济软实力、军事软实力、区域软实力、政治软实力等多维研究视角，使我国关于软实力问题的研究越发丰富多样。

　　遗憾的是，国内学界对"行政软实力"的研究基本寥寥无几。2011 年，当笔者正为考虑博士毕业论文选题而焦头烂额时，笔者的导师、中国政法大学原党委书记石亚军教授，在一次对笔者进行论文指导的讨论中指出，当前衡量一国社会发展状况、经济建设水平、政治民主化进程、政府治理能力与现代化程度，以及国与国之间在国际社会的地位，不仅依靠一国的"硬实力"，而且还要依赖一国的"软实力"。建议笔者尝试着研究中国政府行政软实力问题。深受导师的启发，笔者很快投入到行政软实力的研究中。经过对大量文献的查询、筛选与梳理，对选题的反复论证，与导师多次沟通后，最终将"中国政府行政软实力建设研究"作为笔者的毕业论文题目。本书则是由笔者的这篇博士毕业论文改编而来。

在本书中，笔者主要想阐明四个问题：

一是什么是行政软实力？

行政软实力作为一个全新的概念，清晰合理地对其进行界定，客观解释其内涵与外延，显得尤为重要。不可否认，行政软实力在概念本质上，属于软实力的一种类型。具备软实力概念所具有的根本特性，即行政软实力在本质上是一种影响力、感染力、吸引力，并不以强制力而达成目的。不同的是，行政软实力应具有自己独特的概念解释。在本书中，笔者将行政软实力的概念定义为：行政软实力是以一国的自然资源、人口等客观因素为基础，以行政文化、行政伦理、行政制度为核心构成，对行政组织的基本属性与组织形态、行政人员的履职素养与履职行为、行政权力的行使取向与运行规则产生内在精神导引、外在制度规范效用，并通过行政系统展现于外的一种能力。首先，行政软实力以一国的客观因素为基础。行政软实力的存在不是虚无主义，而是建立在相关客观因素支撑之上的。这里的"客观因素"，是指一国既已存在的现实结果。包括各种自然资源、人文资源、政治资源、人口组成、经济实力、军事力量等。其次，行政软实力有自己的核心构成。不同于软实力指涉范围较广的核心构成，行政软实力的核心构成更加谨慎，仅限于行政系统范畴之内，它们分别是行政文化、行政伦理和行政制度。最后，行政软实力对行政系统内部和外部均能产生效用。行政软实力对行政系统内部所产生的效用，是内在的精神导引，这种精神导引具有规范的约束力和自觉性；对行政系统外部所产生的效用，是一种制度规范带来的感染力和影响力。

二是如何测度行政软实力？

行政软实力不仅是一个概念、理念，更应是一个需要落地并可以评判与测度的实践问题。因此，判断一国行政软实力的强弱及实际影响能力，需要借助于一些具体的参照要素，本书称为测度指标。测度指标选择的依据与原则体现在两个方面：首先，根据一国客观资源和政治生态，以及行政系统现行价值取向、各项规范和运行规则等要素为依据选择测度指标。其次，测度指标本身要有可靠性。无论是主观测度指标还是客观测度指标，都应来源于相关数据、资料等的支撑。

同时这些数据、资料理应是容易获得且是真实的，以此保证测度指标的可靠性。由各项测度指标共同构成的整体即为行政软实力的测度指标体系。这个测度指标体系即为测度行政软实力的重要工具。测度指标体系的建构要具有合理性。主要指的是两个方面：一是测度指标体系要具有可操作性。具体而言，即测度指标体系中的各项指标、各级指标能够从不同面向、层面测度行政软实力。二是测度指标体系能够全面展示行政软实力的内涵与本质。测度指标体系要准确地通过各级指标全面展现行政软实力的核心构成、特征属性以及对内导引力和对外的效仿力等。本书所设计的行政软实力测度指标体系由 3 个一级指标、9 个二级指标和 27 个三级指标组成。例如，3 个一级指标包括行政文化、行政伦理以及行政制度。9 个二级指标和 27 个三级指标在正文中有详细论述，在此不再赘述。

三是中国政府行政软实力建设现状如何以及存在的问题有哪些？

当前，我国政府行政软实力的建设，主要是通过行政文化建设、行政伦理建设及行政制度建设三个方面展开。行政文化建设方面，为官之道、参与式行政价值观、问责式行政价值观、服务型行政价值观等是行政价值观建设的重要内容，行政意识建设的内容包括行政观念和行政思想，行政心理的建设包括行政动机和行政态度。行政伦理建设方面，个人伦理的建设包括行政伦理教育和行政责任培育，职业伦理的建设聚焦于廉洁奉公和勤政等方面。行政制度建设方面，公务员制度建设主要包括考录制度、职位分类制度、考核制度等，行政决策制度的建设主要包括行政首长负责制、行政决策信息公开制度、行政决策专家咨询制度、行政决策论证评估制度等，行政执行制度的建设涉及执行主体、执行方式及执行监控等，行政监督制度的建设涵盖党内监督、行政机关内部监督、立法监督、舆论监督及公众监督等。

客观来看，我国政府行政软实力的建设还存在一些问题。行政文化建设中，存在"官本位"现象、行政价值观整体表现不良、行政意识和行政心理建设不完善等问题。行政伦理建设中，个人伦理存在行政道德失范、行政人格异化等问题，职业伦理存在来自行政系统内部的问题和受传统行政文化不良因素影响的问题等。行政制度建设中，公务员制度存在的问题突出表现在考录制度和考核制度等方面，其中考录制度存在统一性不强、考录方式不科学等问题，考核制度存在考核主体不全面、公务员考核过于宏观等问题；行政决策制度存在的问题表现在行政决策"一言堂"、行政决策专家咨询不健全、行政决策风险评估不完善、行政决策急功近利、行政决策公众参与度不高等；行政执行存在的问题表现在政令执行不畅、执行部门之间配合困难等；行政监督存在的问题则为监督主体多元无序、监督法律制度不完善、监督环节单一、监督乏力等。

四是怎样提升中国政府行政软实力？

中国政府行政软实力的提升，既应立足于中国的国情，不能脱离实际，又应借鉴域外的相关经验，不能闭门造车；既要有整体设计，又要有具体的措施。可以在借鉴美国、法国、日本三个国家建设行政软实力经验的基础之上，探寻符合我国国情和现实需要的策略。本书从总体思路、基本原则和具体对策三个方面探讨提升中国政府行政软实力的途径。

具体言之，首先，确立总体思路。一是以政府改革理念为依据；二是以行政文化、行政伦理和行政制度建设为重点；三是同时推进、共同建设。其次，明确基本原则。提升我国行政软实力，应遵循三个原则：一是以社会主义核心价值体系为指导原则；二是坚持法治原则；三是优良的传统行政思想与现代行政思想相结合的原则。最后，采取具体对策。一是找准定位以完善行政文化；二是内外兼修以改进行政伦理；三是"破立"结合以优化行政制度。

上述四个问题构成本书的理论分析框架，也是本书试图检视和解决的重要问题。由于有关中国政府行政软实力建设的问题尚未引起学界足够的关注，本书的理论分析框架、研究内容、拟解决的问题，或许无法避免地存在一些不足。在此，笔者强烈期待学界前辈和同仁批评指正，提出宝贵意见。由于时间和水平有限，对书中存在的不当之处甚至错误之处，责任完全由笔者个人承担，与他人无关。

吴 帅

2017 年 10 月于贵阳

目　录

绪　　论

一　研究缘起与选题意义

（一）研究缘起

软实力理论兴起于西方，但西方并不独享软实力的资源和话语权。20 世纪 80 年代，美国著名政治学家约瑟夫·奈基于对美国政治价值观、政治文化甚至生活方式等在国际社会影响力、吸引力的宣扬，以全球化的视角提出"软实力"这一术语。约瑟夫·奈建构的软实力理论，由政治价值观、外交政策和文化三个主要要素组成，并以这三个要素形成软实力理论的分析框架。"软实力"诞生后，很快成为风靡全球的流行概念，它深刻地改变了人们对国际关系、权力关系等的看法，使人们由以往单向度的关注"硬实力"，转向对一国文化、价值取向、历史传统等"软实力"的关注。"软实力"对中国的影响较早。20 世纪 90 年代初，结合中国自身的资源优势，国内已有学者开始引进"软实力"理论。在近 30 年的本土化发展过程中，学界已经产生文化软实力、经济软实力、军事软实力、区域软实力、政治软实力等多维研究视角，使我国关于软实力问题的研究越发丰富多样。

在这些研究中，既有对"软实力"的概念和理论进行批判的，也有对其进行补充和完善的，可谓见仁见智。但到目前为止，行政软实力问题尚未引起学界的足够关注，关于我国政府行政软实力建设问题的系统研究更是处于空白。无论是从逻辑上还是客观上来看，一国之中，不仅仅是存在政治、军事、经济、外交、文化等方面的软实力，行政软实力同样存在。那么，行政软实力的核心内涵是什么？我国政府行政软实力的现状如何？如何提升我国政府行政软实力？如此种种问题一直萦绕于脑海，直接触发了本书的研究。

（二）选题意义

研究中国政府行政软实力，其意义主要有以下几个方面：

一是有利于提高我国政府行政管理的质量与效率。提高政府行政管理的质量与效率，固然离不开行政技术与行政方法，但是，行政软实力同样发挥着重要的作用，而且是深层次的作用。研究政府行政软实力，推动行政文化、行政伦理、行政制度的建设，将对行政组织的基本属性与组织形态、行政人员的履职素养与履职行为、行政权力的行使取向与运行规则产生内在精神导引、外在制度规范效用，并因此而提高政府行政管理的质量和效率。

二是有利于推进我国行政管理体制的改革。行政管理体制改革是我国总体改革任务中的重要一环。改革开放以来，我国先后进行了多次大规模的行政管理体制改革，并取得了一定的成效。但客观来看，我国现行行政管理体制与经济社会发展还存在很多不相适应的地方，需要进一步切实推进。为此，中共十七届二中全会审议通过了《关于深化行政管理体制改革的意见》，确立了我国深化行政管理体制改革的指导思想、基本原则和到 2020 年我国深化行政管理体制改革的总体目标，并明确了组织实施这项重大改革的具体要求。行政管理体制改革的顺利推进，需要全局把控和顶层设计，更需要扎实厚重的理论支撑。本书的研究，将从行政文化、行政伦理、行政制度建构等方面为这一改革提供参考。

三是有利于拓展行政管理学研究领域，促进行政管理学科的发展。就问题属性来看，行政软实力问题自然属于行政管理学的研究范畴。但迄今为止，行政管理学界基本上还没有对行政软实力问题展开研究。本书试图探讨行政软实力的基础理论、我国行政软实力建设的现状与存在的问题、国外行政软实力建设的经验以及推进我国行政软实力建设的路径等问题，这无疑将对行政软实力问题的研究起到抛砖引玉的作用，拓展行政管理学的研究领域。同时，随着行政软实力问题研究的深入展开，也将对行政管理学一般理论的发展与深化起到促进作用。

二　国内外研究现状

（一）国内外研究基本状况

自 20 世纪 90 年代初由哈佛大学教授约瑟夫·奈正式提出软实力理论后，国内外理论界和实务界高度重视，纷纷投入到软实力问题以及与其相关的问题研究当中。

1. 国外研究现状

在西方国家，政学两界对软实力进行了不同视角的研究。一是软实力的合法性问题。罗伯特·库珀认为软实力的核心是合法性，首要的合法性资源是维持国际秩序，国际上的合法性最重要的来源是参与。① 2007 年美国国会战略和国际研究中心将政治合法性（legitimacy）作为国家软实力的核心要素。② 二是软实力的构成问题。除约瑟夫·奈的文化、政治价值观和外交政策三要素外，美国芝加哥全球事务委员会在 2008 年《亚洲软实力，2008》的报告中指出软实力表现在五个领域：经济、文化、人力资本（或者说教育，人力资本主要由教育决定）、外交和政治，其中任何一项都是一种软实力。③ 美国参议院外交关系委员会则认为，国家软实力的构成要素包括国际贸易、海外投资、发展援助、外交倡议、文化影响力、人道主义援助和灾难救济、教育以及旅游等多方面。④ 三是对软实力的批判与反思。亚历山大·波汉斯认为软实力的概念存在本体论上的缺陷。这种缺陷导致难以确定结构如何产生和维持，以及与行为者清楚表达。⑤ 约瑟夫·约菲提出了"软权力的诅咒"，即在国际事务中，巨大的软实力扭曲心

---

① R. Cooper, "Hard Power: Soft Power and the Goals of Diplomacy", Polity Press, 2004: 167 – 180.

② Richard L. Armitage, "CSIS Commission on Smart Power: a Smart, Secure America", CSIS Press, 2007: 6.

③ Christopher B. Whitney, "Soft Power in Asia: Results of a 2008 Multinational Survey of Public Opinion", EAI, 2008: 11.

④ Committee on Foreign Relations, China. Foreign Policy and Soft Power in South America, Asia, and Africa, April 2008.

⑤ AlexandreBohas, "The Paradox of Anti – Americanism: Reflection on the Shallow Concept of Soft Power", Global Society, 2006 (4): 413.

灵，招致怨恨。①

2．国内研究现状

对于中国而言，软实力中国化、本土化问题的研究在近 30 年来从未间断过。实践层面，中共十七大将"软实力"正式写入政府报告中，指出文化软实力是综合国力的重要组成部分。此后，文化软实力成为官方愈加重视的问题。2011 年 10 月召开的中共十七届六中全会强调增强国家文化软实力、中华文化国际影响力的要求更加紧迫。中共十八大、十八届三中全会等，均多次提及文化软实力的重要性。由此可见，官方实践将"软实力"聚焦在文化软实力方面。理论研究层面，学界对"软实力"的研究主要集中在三个方面：一是软实力的概念界定。阎学通认为，国家软实力是一个国家内部和外部的政治动员能力，是一个国家对物质实力资源的使用能力，而不是物质资源本身。② 刘绛华认为国家软实力就是一个国家实力中不同于经济实力、军事实力、科技实力等硬实力的那些能力，如价值观念、文化特色、诚信度的吸引力和影响力、制定规则的能力和动员资源的能力。③ 二是软实力的类型。学界将软实力主要分为文化软实力和区域软实力。在对文化软实力的解释中，胡健认为，文化软实力是以文化资源为基础的一种软实力。④ 何增科则认为，文化软实力主要借助文化生产、文化交流、文化教育和信息传播等手段，使本国所倡导和奉行的价值理念被国内外受众所认可，借以赢得国际声誉与影响力，其核心是思想、观念、原则等价值理念。⑤ 关于区域软实力，学者们普遍认为区域软实力是区域竞争中通过文化、公共服务、人力素质等非物质要素

---

① ［美］约瑟夫·约菲：《美国的帝国的诱惑》，台北市博雅书屋有限公司 2007 年版，第 125 页。

② 阎学通：《中国软实力有待提高》，《中国与世界观察》2006 年第 1 期。

③ 刘绛华：《国家软实力分析》，《江西行政学院学报》2007 年第 4 期。

④ 胡健：《文化软实力研究：中国的视角》，《社会科学》2011 年第 5 期。

⑤ 何增科：《国际社会提高文化软实力的做法和经验》，《毛泽东邓小平理论研究》2010 年第 1 期。

的建设，形成区域政府与社会的凝聚力、感召力与影响力等。如马庆国①、吴光芸②等均持此种观点。三是中国软实力的建设。陈玉刚指出，对于中国软实力建设来说，具有普适性意义的价值主要有发展、稳定与和谐，中国软实力建设的任务就是要使这些价值体系化、制度化和可操作化。③ 李霞等认为，构建中国软实力的路径是"进一步推动中国文化创新"和"塑造具有世界意义的民族价值观"。④ 郭树勇认为，中国软实力建设应继续推动以融入现有基本国际制度为主要内容的国际社会行动；加大内化世界政治文明的速度与力度；重点塑造大国形象；加强有利于软实力建设的全国性外交应急等级协调机制与非等级协调机制。⑤

（二）总体评价

综观国内外关于软实力问题的研究，可见既有研究已经从软实力概念的界定逐步拓展到了对国家软实力、文化软实力、区域软实力等软实力子领域问题的研究；从软实力基础理论问题的探讨逐步拓展到了对软实力具体建设问题的研究。这些研究取得了较丰富的成果，为进一步地进行理论探讨和软实力的具体建设奠定了较好的基础。但是，毋庸讳言，现有研究尚存在一些问题，突出表现在研究范围上，对行政软实力这一重要问题的研究还极为欠缺，成果寥寥，难以为相关领域软实力的建设提供理论支撑。因此，对行政软实力相关问题进行尝试性探讨，成为本书拟解决的关键问题。

三　研究框架与研究方法

（一）研究框架

本书的研究架构是：首先明确界定行政软实力的概念；其次建构

---

① 马庆国、楼阳生：《区域软实力的理论与实践》，中国社会科学出版社2007年版，第11页。

② 吴光芸、唐兵：《论区域软实力及其对区域经济发展的影响》，《学习与实践》2009年第5期。

③ 陈玉刚：《试论全球化背景下中国软实力的构建》，《国际观察》2007年第2期。

④ 李霞、李婧：《构建中国软实力的意义及路径研究》，《湖北经济学院学报》（人文社会科学版）2010年第5期。

⑤ 郭树勇：《新国际主义与中国软实力外交》，《国际观察》2007年第2期。

行政软实力测度指标体系；紧接着分析中国政府行政软实力建设的现状及存在的问题；再分析域外行政软实力建设的经验；最后提出提升中国政府行政软实力的对策（如图0－1所示）。

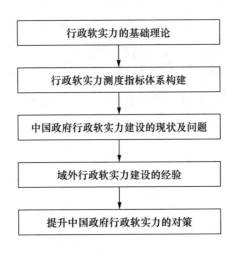

行政软实力的基础理论

行政软实力测度指标体系构建

中国政府行政软实力建设的现状及问题

域外行政软实力建设的经验

提升中国政府行政软实力的对策

图 0 – 1   本书的研究框架

具体研究内容为：

第一部分是绪论。介绍研究缘起与研究意义、国内外研究现状，并提出本书的研究框架与研究方法、创新之处等。

第二部分是行政软实力的基础理论。阐述行政软实力的理论来源，对行政软实力进行概念厘定，并分析行政软实力的功效。

第三部分是行政软实力测度指标体系的构建。包括行政文化、行政伦理、行政制度3个一级指标，以及由此3个一级指标形成的9个二级指标和27个三级指标。

第四部分是中国政府行政软实力建设现状及问题。全面分析行政文化、行政伦理及行政制度建设的现状，剖析行政文化、行政伦理及行政制度建设中现实存在的主要问题。

第五部分是政府行政软实力建设的域外经验。展现美国、日本和法国政府行政软实力建设的客观情况，并提炼其可资借鉴的经验。

第六部分是提升中国政府行政软实力的对策。提出总体思路、应坚持的原则和具体对策。

第七部分是结论。对全文进行简要的总结。

（二）研究方法

1. 实证研究法

软实力问题的研究虽然理论性较强，但同样离不开实证数据的支撑。本书将在对调研获取的第一手数据进行整理之基础上，对中国政府行政软实力建设现状和存在的问题进行实证分析，以提高论证的可靠性和说服力。

2. 比较研究法

行政软实力建设是各国政府尤其是发达国家政府较为关注的问题之一。实践中，美国、法国及日本等国政府行政软实力建设取得的成绩较为突出。本书将对这三个国家政府行政软实力建设的情况进行概况，并总结其相关经验，为中国政府行政软实力的进一步提升提供借鉴。

3. 文献分析法

虽然目前行政软实力问题的研究成果寥寥无几，但关于软实力问题的论著已较丰富，本书的研究充分吸收软实力问题研究已有成果中的有益理论、思路与观点，并充分收集、深入分析中国政府行政软实力建设方面的法律法规、政策、政府报告等文献，从而为本书的研究奠定坚实的文献基础。

四　创新之处

本书的创新之处主要在于：

一是对行政软实力概念的界定。在软实力理论、行政文化理论、行政伦理理论及新制度主义理论等理论基础之上，本书提出行政软实力是以一国的自然资源、人口等客观因素为基础，以行政文化、行政伦理、行政制度为核心构成，对行政组织的基本属性与组织形态、行政人员的履职素养与履职行为、行政权力的行使取向与运行规则产生内在精神导引、外在制度规范效用，并通过行政系统展现于外的一种能力。

二是对中国政府行政软实力建设进行了系统研究，并提出了提升中国政府行政软实力的总体思路、基本原则和具体对策。认为总体思路上，应以政府改革理念为依据，以行政文化、行政伦理和行政制度建设为重点，以同时推进、共同发展为路径；基本原则上，应坚持以社会主义核心价值体系为指导的原则、法治的原则和传统优良行政思想与现代行政思想相结合的原则；具体对策上，应通过找准定位以完善行政文化，内外兼修以改进行政伦理，"破立"结合以优化行政制度。

第一章　行政软实力的基础理论

　　行政软实力的基础理论涵盖行政软实力的理论来源、行政软实力的厘定和行政软实力的功效等。软实力理论、行政文化理论、行政伦理理论和新制度主义理论作为行政软实力的理论来源，为行政软实力的厘定提供了理论借鉴。基于理论来源，本章完成了行政软实力的概念界定，归纳出行政软实力的特征，并将行政软实力与国家软实力、政治软实力、文化软实力和区域软实力进行比较，得出其异同之处。最后，本章分析了行政软实力的功效。

第一节　行政软实力的理论来源

一　软实力理论

　　一般认为，软实力"是一种能力，它能通过吸引力而非威逼或利诱达到目的，是一国综合实力中除传统的、基于军事和经济实力的硬实力之外的另一组成部分，包括导向力、吸引力和效仿力，是一种同化式的实力——一个国家思想的吸引力和政治导向的能力"。[①] 软实力可以划分为三个层次：一是文化及价值观的吸引力。主要是语言、教育、信仰等产生的吸引力。二是社会制度及发展模式的影响力。社会制度包括政治制度、经济制度、法律制度等，发展模式指的是一个国家基于本国独有的历史、文化背景所选择的发展方式、发展路径。三

---

① ［美］约瑟夫·奈：《软实力：世界政坛成功之道》，吴晓辉、钱程译，东方出版社2005年版，第11页。

是国家形象在国际社会的感染力。国家形象是国家的外部公众和内部公众对国家本身、国家行为、国家的各项活动及其成果所给予的总的评价和认定。[①] 随着研究的推进，在软实力问题上，已经派生出了"国家软实力""政府软实力""经济软实力""区域软实力""企业软实力""文化软实力"等新的研究领域。

二 行政文化理论

文化是指那些继承下来的、确立共同社会活动基础的观点、信仰、价值观和对世界认知的总和，是一群拥有同样传统的人所从事的活动和所拥有的思想观念的全部范围。[②] 行政文化是一种特殊文化形态[③]，对其的认知，目前尚未达成一致，观点主要有三：观点一认为行政文化包括行政意识、行政心理、行政思想、行政原则、行政习惯、行政传统、行政价值、行政信念、行政道德等各个方面。[④] 观点二认为行政文化是对行政机关工作人员推行政务、管理事务的行为具有普遍制约作用的各种精神因素的总和，主要由行政心理、行政意识以及行政价值等要素构成。[⑤] 观点三认为行政文化是政府官吏或者公务员所应共同信守的行为模式、生活方式、人群关系以及价值观念。[⑥]

尽管对行政文化的理解角度不同，但是均可归结为在一定历史时期中所形成的行政传统、行政价值、行政态度、行政规则、行政意识及行政情感等，影响着行政系统的运行和行政人员的情感、心理、价值取向、人际关系等。

三 行政伦理理论

行政伦理是直接约束政府公共管理的各种道德伦理规范的总和，

---

① 管文虎:《国家形象论》，电子科技大学出版社1999年版，第23页。

② "文化"一词，其含义有广义和狭义之分，本书所指"文化"取狭义。参见蔡红生:《文化概念的考证与辨析》，载《新疆师范大学学报》（哲学社会科学版）2009年第4期。

③ 石亚军:《中国行政管理体制实证研究——问卷调查数据分析》，中国政法大学出版社2010年版，第648页。

④ 罕岳:《行政文化与中国现代化》，《政治学研究》1998年第2期。

⑤ 石亚军:《中国行政管理体制实证研究——问卷调查数据分析》，中国政法大学出版社2010年版，第648页。

⑥ 张金鉴:《行政学新论》，台北三民书局1984年版，第292页。

这其中包括从事政府公共管理的价值倾向或观念、道德伦理、惯例等。① 行政伦理体现政府组织和行政人员的行政价值观、行政道德观及行政责任观等。其中，行政责任是行政伦理的关键。② 行政责任包括主观行政责任和客观行政责任。主观行政责任指的是在行政人员的品行、良知、担当感等伦理要素的驱使下主动并勇于承担行政责任；而"所有客观责任都包括对某人或某集体负责，也包括对某一任务、人员管理和实现某一目标负责"。③ 行政伦理主要依靠道德伦理、责任伦理的导引作用和规范性来产生效用。对内，其对政府组织和行政人员产生道德导引以及树立责任伦理观念；对外，其能够使社会公众对政府组织和行政人员产生道德伦理规范、责任伦理规范的认同感。行政伦理反映的是一个政府的伦理水平、公信力的强弱、公平正义的程度以及以人为本的态度，任何一个政府、任何行政人员都必须具备良好的行政伦理。

四　新公共服务理论

肇始于 21 世纪初期的新公共服务理论，是建立在对古典公共行政和新公共管理理论的批判与演化之上，并以民主公民权理论、社区与公民社会理论、组织人本主义与新公共行政、后现代公共行政等为理论来源的一种理论。新公共服务理论以民主、公民权和为公共利益服务为主要理论分析框架，提出七种核心理念，即服务于公民而非顾客；追求公共利益；重视公民权胜过重视企业家精神；思考要具有战略性，行动要具有民主性；承认责任并不简单；服务而非掌舵；重视人，而不只是重视生产率。④

新公共服务理论为行政软实力提供以下理论来源：一是服务精神。新公共行政理论认为政府的角色应从"掌舵"转向"服务"。政

---

① 董建新：《解析行政伦理》，《暨南学报》（人文科学与社会科学版）2004 年第 3 期。

② 参见［美］特里·L. 库珀《行政伦理学：实现行政责任的途径》，张秀琴译，中国人民大学出版社 2011 年版，第 73 页。

③ 同上书，第 74 页。

④ ［美］珍妮特·V. 登哈特、罗伯特·B. 登哈特：《新公共服务：掌舵，而不是划桨》，丁煌译，中国人民大学出版社 2006 年版，第 40—41 页。

府角色的转变，意味着政府治理手段的变化。政府治理应从传统的管理、控制过渡到服务，以更好地满足公共利益。政府服务既是一种能力，也是一种精神。这种服务精神内嵌于行政软实力之中，是行政软实力理论的重要价值观念。二是民主权利。新公共行政理论重视公民民主权利的实现，强调公众参与行政过程的重要性。不同的政府管理体制需要不同的民主权利形式，而能够产生影响力和吸引力的民主权利形式，是行政软实力的体现，也是行政软实力形成的理论要素。三是责任担当。新公共服务理论所要求的责任担当包括政府官员的行为要负责、合乎道德、符合民主原则和公共利益的期望等。这些责任要素，为行政软实力提供伦理层面的借鉴。

五 新制度主义理论

20 世纪 80 年代以后，基于对旧制度主义理论的批判和行为主义的反思，新制度主义理论应运而生。新制度主义理论不再局限于旧制度主义理论的法律主义、结构主义、整体主义、历史主义以及规范分析，而是极大扩展了研究的层面。新制度主义理论形态涵盖规范制度主义、理性选择制度主义、历史制度主义、经验制度主义及社会学制度主义等。新制度主义理论扩展了制度的含义，认为制度不仅包括正式的结构，还包括非正式的结构、惯例和观念，从而使研究的范围、内容丰富了很多。[①] 新制度主义理论在方法论上，也不再局限于个人主义方法论、静态分析、归纳分析，而是增加了动态、定量分析等。新制度主义理论在当代的兴起，不仅表现在学者从不同的视角对制度进行全方位的研究，包括制度的含义、构成、起源、变迁、行为与制度的关系、制度与文化的关系等主题，也表现在把新制度主义理论运用到公共管理、公共政策分析、比较政治、国际关系以及欧洲一体化研究中。[②]

新制度主义理论在公共管理领域中的应用，对行政制度的制定产

---

① 刘欣、李永洪：《新旧制度主义政治学研究范式的比较分析》，《云南行政学院学报》2009 年第 6 期。

② 李永洪、毛玉楠：《理解制度：对政治学中制度研究范式的再思考——兼论新旧制度主义政治学的差异》，《社会科学论坛》2010 年第 3 期。

生直接影响，其能够从不同流派研究行政制度形成、规则及变迁等问题，提出何为良好的行政制度，为公共管理活动中行政制度的制定提供理论和方法论上的借鉴。

第二节　行政软实力的厘定

一　行政软实力的含义

基于前述相关理论，本书认为，行政软实力是以一国的自然资源、人口等客观因素为基础，以行政文化、行政伦理、行政制度为核心构成，对行政组织的基本属性与组织形态、行政人员的履职素养与履职行为、行政权力的行使取向与运行规则产生内在精神导引、外在制度规范效用，并通过行政系统展现于外的一种能力。

首先，行政软实力以一国的自然资源、人口等客观因素为基础。自然资源、人口等是客观存在的、看得见摸得着的物质实体，任何一个国家的行政系统都建立在这些物质实体之上。如果把立基于这些物质实体上的行政系统比作"硬件"，那么行政软实力的核心构成行政文化、行政伦理、行政制度就是"软件"。"软件"越优秀，"硬件"的能力就越能得到充分的发挥。

其次，行政文化、行政伦理、行政制度是行政软实力的核心构成要素。行政文化指的是人们对行政活动所形成的态度、情感、信仰等。[①] 具体来讲，行政文化主要包括行政价值观、行政意识及行政心理等。行政文化在行政软实力的形成过程中具有重要的地位，因为它不仅影响行政人员的价值取向、行政信仰、行政态度，而且还影响行政决策、行政执行等过程。行政伦理指的是行政人员的行政道德意识、行政道德活动以及行政道德规范的总和。[②] 行政伦理可具体划分

---

① 王沪宁：《行政生态分析》，复旦大学出版社 1989 年版，第 105 页。
② 王伟、车美玉：《中国韩国行政伦理与廉政建设研究》，国家行政学院出版社 1998年版，第 73 页。

为个人伦理、职业伦理等。个人伦理指的是行政人员的个人品质、行为举止、为官态度等，职业伦理指的是行政人员所具有的职业素养和职业精神。行政伦理在行政软实力的形成中主要起着约束行政人员道德行为的作用。行政制度是以一定的行政思想和观念作指导的、由国家宪法和法律规定的有关国家行政机关的产生、职能、权限、组织结构、领导体制、活动规程等方面的准则体系以及政府体制内各权力主体的关系形态。① 具体来讲，行政制度主要包括公务员制度、行政决策制度、行政执行制度、行政监督制度等。行政制度在行政软实力的形成中，能够规范和约束行政权力的运行以及行政人员的行为。

再次，行政软实力能够产生内在精神导引、外在制度规范的效用。所谓内在精神导引，是指行政软实力所具有的向心力、指引力等；而外在制度规范效用，是指行政软实力对行政系统产生的规范作用。具体而言，行政文化的价值取向、行政意识、行政心理等，对行政组织的基本属性和组织形态、行政人员的履职行为具有导引性。行政伦理对行政人员的个人修养、职业道德等具有塑造作用。而行政制度能对行政权力的行使与运行，从原则、方式、程序等方面进行规范。

最后，行政软实力通过行政系统展现于外。行政软实力是行政文化、行政伦理、行政制度作用于行政系统而产生的一种能力，这种能力通过整个行政系统的运行状态、运行效率展示出来。

二 行政软实力的特征

行政软实力具有以下主要特征：

第一，表柔内刚性。从表面上看，行政软实力是行政系统展现出来的一种能力，具有柔性，行政文化、行政伦理同样具有柔性。但实质上，行政伦理具有内在规范性的一面，有其刚性。而行政制度，尤其是其中的法律制度，刚性本就是其内在属性。

第二，精神导引性。行政软实力中的行政价值观、行政意识和行政心理等，具有精神导引性。这种精神导引性主要体现在对行政人员

---

① 张立荣：《行政制度的涵义、特征及功能探析》，《社会主义研究》2002 年第 3 期。

的行政态度、行政观念、行政思想等的塑造和导引，使其与现代行政的要求相适应。

第三，行为规范性。无论是行政文化、行政伦理，还是行政制度，都具有行为规范性。行政文化通过行政价值观、行政意识等从心理认知层面规范行政人员的行为；行政伦理从伦理修养上规范行政人员的行为；行政制度则从正式制度层面规范行政人员的行为。

第四，深层促进性。行政软实力的深层促进性，主要是指行政文化、行政伦理对整个行政系统的影响是潜在、隐性的，是从深度层面导引和规范整个行政系统的运作。

三　行政软实力与其他概念的比较

（一）行政软实力与国家软实力

软实力概念是基于国与国之间的竞争而提出来的。约瑟夫·奈等认为，在经济力量和军事力量之外，国与国之间的竞争还依靠文化、价值观及外交政策的相互影响力和吸引力，即国家软实力的竞争。约瑟夫·奈指出，一个国家的软实力主要存在于三种资源中：第一，它的文化，即对其他国家和人民具有吸引力的文化；第二，它的政治价值观，特别是当这个国家在国内外努力实践这些价值观时；第三，它的外交政策，但这些外交政策需被认为合法且具有道德权威。[1]

由上可见，国家软实力构成所包含的文化、价值观，与行政软实力构成所包含的行政文化、行政价值观，是包含与被包含的关系。换言之，文化和价值观分别对应包含行政文化和行政价值观。同样，国家软实力与行政软实力也是包含与被包含的关系，一国的行政软实力与政治软实力、经济软实力、文化软实力等共同构成该国整体的国家软实力。

（二）行政软实力与政治软实力

政治软实力指的是一个国家政治文化、政治伦理及政治制度等对他国的吸引力和影响力。政治文化是一个民族在特定时期流行的一套

---

① 顾肃：《论国家软实力的政治和文化维度》，《江苏行政学院学报》2011 年第 3 期。

政治态度、信仰和感情。① 通过传播政治文化,使一个国家的政治价值、政治意识、政治心理等对其他国家产生影响力。政治伦理主要依靠政治任命行政人员的政治品格产生影响。政治品格指政治行政人员的道德、品行、人品等。优秀的政治品格会产生巨大的影响力,形成榜样力量并使人产生敬重感。政治制度是围绕政治权力的构成和行使、调解政治冲突和规制人们的政治行为的规则和规范的集合。② 政治制度本身是一种强制性权力,通过政治制度能够对社会价值进行权威性分配、调节社会成员或群体之间的冲突等,从而形成的一种稳定的政治秩序和社会秩序。但是,政治制度一旦能够实现政治和社会秩序的稳定,不仅是其强制力的结果,同时也是其体现出来的影响力和感染力的结果。

政治软实力与行政软实力既有联系又有区别,具体体现在各自的构成要素上:一是政治文化与行政文化。政治文化与行政文化都是社会文化的一部分,都是关于意识形态、心理倾向和价值规范的观念文化。③ 作为文化在不同领域的具体形态,政治文化与行政文化的发展均取决于经济基础和社会生产力的发展状况。但是,政治文化与行政文化的不同主要在于政治文化是政治行为和政治现象背后的观念形态,行政文化则是侧重执行层面的文化形态。④ 二是政治伦理与行政伦理。政治伦理与行政伦理均属于伦理的范畴,两者具有伦理所包含的道德、品性、价值理念、责任等共性要素。但是,政治伦理主要是对政治权力行使主体的伦理规范,而行政伦理主要是对行政权力行使主体的伦理规范。也就是说,两者的主体不同。三是政治制度与行政制度。政治制度与行政制度作为国家制度的重要组成部分,共同发挥着调节社会利益、维护社会公平的作用。但是在内容上,两者差别甚大。政治制度规定了一个国家的国家性质、政权组织形式、选举制度

---

① [美] 加布里埃尔·阿尔蒙德:《比较政治学》,上海译文出版社 1987 年版,第 29 页。

② 童建挺:《政治制度:作用和局限》,《当代世界与社会主义》2009 年第 1 期。

③ 曹任何:《行政文化与政治文化概念的比较分析》,《学术论坛》2004 年第 3 期。

④ 同上。

等，而行政制度则主要规定了一个国家的决策制度、执行制度、监督制度等。

（三）行政软实力与文化软实力

"文化软实力"是一个国外从来没有的概念和提法，类似的概念和提法也没有。[1] 但这并不意味着它不存在，也不能说明它没有研究的价值。"文化软实力"在我国不仅被提出来，而且得到快速的发展，中共十八大报告曾明确指出我国文化软实力显著增强。[2] 那么，究竟什么是文化软实力以及其与行政软实力是一种什么关系呢？所谓文化软实力，"是一国文化所具有的，以引发思想共鸣、争取文化认同、激发创造活力、凝聚精神信念等非强制方式同该国经济基础、政治上层建筑有机结合而进行的、增强国家综合国力的能力，是从一国的文化资源转变为该国的现实综合国力的过程和结果"。[3] 从概念的演变过程来看，文化软实力是在"文化力"概念的基础上发展起来的，文化软实力是对"文化力"新的发展。而"文化力"本身源于软实力理论，这就使文化软实力在概念起源上也来自软实力理论。行政软实力的概念同样起源于软实力理论，因此，行政软实力与文化软实力在理论起源上具有同源性。从内涵来看，行政软实力核心构成之一行政文化是整体文化之一部分。从功用而言，文化软实力之凝聚精神信念等也是行政软实力同样具备的。

（四）行政软实力与区域软实力

区域软实力相对于国家软实力而言，指的是一个地区的竞争力和影响力。关于对区域软实力的认识，目前主要集中在区域软实力的构成要素、力量来源等方面。比较有代表性的观点有两种：一是认为区域软实力指的是"在区域竞争中，建立在区域文化、政府公共服务（服务制度和服务行为）、人力素质（居民素质）等非物质要素之上的区域政府公信力、区域社会凝聚力、特色文化的感召力、居民创造

---

[1]　贾海涛：《"文化软实力"理论的演进与新突破》，《社会科学》2011 年第 5 期。

[2]　参见《中国共产党第十八次全国代表大会文件汇编》，人民出版社 2012 年版，第 16 页。

[3]　参见刘德定《当代中国文化软实力研究》，河南大学，博士学位论文，2012 年。

力和对区域外吸引力等力量的总和";① 二是认为区域软实力是指
"区域创新力、凝聚力与影响力,也表现为精神的力量、思想的力量、
文化的力量以及环境竞争力和可持续发展的能力"。②

区域软实力与行政软实力交叉重叠的内容主要表现为区域行政软
实力。区域行政软实力,既是该区域总体软实力的一部分,同时也是
该区域所属更大区域总体行政软实力的一部分。

第三节　行政软实力的功效

一　提升政府治理能力

随着政府改革的进一步深化,政府治理方式也随之发生深刻的变
革。政府治理已经从统治型、管制型逐步转变到服务型治理方式上
来。政府治理方式的转变,带来的只是治理手段发生了变化,并不代
表政府治理能力会随之得以提升。换言之,政府"治理手段"与
"治理能力"是两个不同性质的概念。政府"治理手段"在现实行政
管理过程中主要表现为法律手段、行政手段、经济手段等;而政府
"治理能力"反映的是政府治理行为的水平和质量③,政府集体行动
的能力和政府获取资源的能力,包括社会汲取能力、合法性能力、政
治强制能力、社会干预能力、改革适应能力等。④ 为顺应政府向服务
型政府的转型,需要进一步提升政府治理能力。

---

① 马国庆、楼阳生:《区域软实力的理论与实施》,中国社会科学出版社 2007 年版,
第 11 页。
② 台州市发展和改革委员会课题组:《弘扬人文精神,提升台州软实力》,《浙江经
济》2006 年第 8 期。
③ 胡鞍钢、魏星:《治理能力与社会机会——基于世界治理指标的实证研究》,《河北
学刊》2009 年第 1 期。
④ 胡宁生、张成福:《中国政府形象战略》,中共中央党校出版社 1998 年版,第 240
页。

提升政府治理能力，有多种途径。[①] 单从行政软实力的角度分析，行政软实力建设对于提升政府治理能力具有重要作用。提升政府治理能力，首先要求具备以民为本的行政价值观，民主、法治、公平、正义的行政意识，为民服务的行政心理等，这些均离不开行政软实力建设。也就是说，通过加强行政文化的建设，能够发挥行政价值观、行政意识和行政心理对提升政府治理能力的作用。其次，要求政府行政人员具备良好的个人伦理和职业伦理。政府行政人员作为政府治理的主体，是提升政府治理能力的重要环节。只有塑造政府行政人员良好的个人伦理和职业伦理，才能使其在政府治理过程中具备尽职尽责、清正廉洁的伦理品质。最后，要求具有完善的行政制度。完善的行政制度，能够有效地约束行政权力，规范行政行为，从而提升政府治理的规范性和有效性。

二 改善政府形象

政府形象是政府的整体素质、综合能力和施政业绩在国内外公众中获得的认知与评价。[②] 政府形象对外是一种重要的影响力，这种影响力体现着政府与公众之间双向互动的关系，它是政府目标、意图、倾向能否为公众所接受或在多大程度上被接受的一项重要因素，并直接影响着公众的心理、行为或行为倾向。[③]

改善政府形象，需要优化政府行政人员的行政价值取向，提高政府行政人员的自身修养，完善行政制度以规范政府的运行。改善政府形象所需要的这些内容，均包含在行政软实力之中。因此，行政软实力对改善政府形象具有重要作用：行政文化所涵盖的行政价值，体现

[①] 目前，提升政府治理能力指的是提升中央政府治理能力和地方政府治理能力两个维度，其中，提升地方政府治理能力涵盖省、市（州）、县（区）、乡（民族乡）四级政府的治理能力。具体提升途径包括：一是提升中央政府治理能力。主要是提升中央政府驾驭经济转型、体制改革、社会发展等能力。二是提升地方政府治理能力。主要是通过改善地方政府内部运作机制、正确处理政府与市场的关系、完善公共服务等来提升地方政府的治理能力。

[②] 廖为建：《论政府形象的构成与传播》，《中国行政管理》2001 年第 3 期。

[③] 王剑敏、闻署明：《新时期政府形象建设探析》，《苏州大学学报》（哲学社会科学版）2004 年第 2 期。

的是政府的行政信念、行政态度等，良好的行政文化能培育积极的行政价值追求，确立正确的行政信念和良好的行政态度；政府行政人员良好的行政伦理，不仅能够反映其自身的道德修养，而且能够在整体上体现出政府的道德水准和形象；健全向善的行政制度则能用来规范政府运行和约束政府权力，保证政府公权力应有的价值取向，发挥政府公权力的应然效用。

三　建设"善"的政府

"善"的政府，代表的是公共利益。保障和促进公共利益，是"善"的政府在公共管理中的本质追求。建设"善"的政府，离不开政府行政软实力建设。

首先，建设"善"的政府需要树立为民服务的行政价值观。只有树立了为民服务的行政价值观，才能使政府具有为公共利益服务的精神。行政软实力建设对为民服务的行政价值观的树立具有重要作用，因为行政文化的建设内容包含行政价值观，其中以人为本、为民服务就是其重要的行政价值取向。

其次，建设"善"的政府需要良好的行政伦理。政府行政人员作为政府的基本构成，若其不善则"善"的政府无从建立。只有政府行政人员具有良好的个人伦理和职业伦理，才会在提供公共服务中亲民、爱民，也才能代表公共利益，从而实现"善"的政府。

最后，建设"善"的政府需要健全的行政制度。"善"的政府应该是公权来自民、为民服务的政府，应该是公权受到有效规范和制约的政府，因此需要构建健全完备的行政制度。行政软实力建设之行政制度建设自然有益于促进"善"的政府的建构。

第二章　行政软实力测度指标体系构建

行政软实力不仅是一个概念、理念，更应是一个需要落地并可以评判与测度的实践问题。因此，判断一国行政软实力的强弱及实际影响能力，需要借助于一些具体的参照要素，本书称为测度指标。由各项测度指标共同构成的整体即为行政软实力的测度指标体系。

一　测度指标选择的依据及原则

首先，根据一国客观资源和政治生态，以及行政系统现行价值取向、各项规范和运行规则等要素为依据选择测度指标。行政软实力测度指标的选择由这些要素决定，以这些要素为依据才能如实反映行政软实力。其次，测度指标本身要有可靠性。无论是主观测度指标还是客观测度指标，都应来源于相关数据、资料等的支撑。同时这些数据、资料理应是容易获得且是真实的，以此保证测度指标的可靠性。最后，测度指标体系的合理性。主要指的是两个方面：一是测度指标体系要具有可操作性。具体而言，即测度指标体系中的各项指标、各级指标能够从不同面向、层面测度行政软实力。二是测度指标体系能够全面展示行政软实力的内涵与本质。测度指标体系要准确地通过各级指标全面展现行政软实力的核心构成、特征属性以及对内导引力和对外的效仿力等。

二　测度指标体系的具体构成

综合前文分析，行政软实力测度指标体系由 3 个一级指标、9 个二级指标和 27 个三级指标组成。具体内容如表 2-1 所示。

表 2 - 1   行政软实力测度指标体系

一级指标	二级指标	三级指标
行政文化	行政价值观	为官之道、参与式行政价值观、问责式行政价值观、服务型行政价值观
	行政意识	行政观念、行政思想
	行政心理	行政动机、行政态度
行政伦理	个人伦理	行政伦理教育、行政责任培育
	职业伦理	廉洁奉公、勤政
行政制度	公务员制度	考录制度、职位分类制度、考核制度
	行政决策制度	行政首长负责制、行政决策信息公开制度、行政决策专家咨询制度、行政决策论证评估制度、分管领导制度
	行政执行制度	执行主体、执行流程
	行政监督制度	党内监督、行政机关内部监督、立法机关监督、舆论监督及公众监督

三 测度指标体系的进一步阐释

行政软实力测度指标体系是基于行政软实力的核心构成要件即行政文化、行政伦理、行政制度而形成的。这三个核心构成要件是行政软实力测度指标体系的一级指标。

行政文化包含 3 个二级指标和 8 个三级指标。行政价值观的建设应体现在为官之道、参与式行政价值观、问责式行政价值观、服务型行政价值观等方面。其中,需要指出的是,为官之道就是行政人员对自己手中权力的性质、来源、面向、行使规则和方式的价值取向,包括权力是公共的还是私有的,权力主体是行政人员自身还是人民群众,权力的运用是依法行政还是自由行政,权力行使的目的是创造和维护公共价值还是为自己谋利等。为官之道可由为官之本、为官之德及为官之义来测度。行政意识是对行政人员行为模式具有影响的一种状态,其主要通过行政观念和行政思想来表现。行政心理是行政人员对行政体系及其活动处于感性认识阶段的心理活动，其往往需要以行政动机和行政态度来测度。

行政伦理涵盖2个二级指标和4个三级指标。行政人员个人伦理和职业伦理关乎公众对政府、行政人员的认同感，以及政府自身的影响力。行政伦理教育和行政责任培育是行政人员个人伦理的主要测度因素，能够直观反映行政人员从业素养。廉洁奉公、勤政等指标是对行政人员及行政系统职业伦理高低的反映。

行政制度规范则包括4个二级指标和15个三级指标。公务员制度、行政决策制度、行政执行制度和行政监督制度共同构成行政制度规范。公务员制度是加强和完善对公务员进行管理的重要制度保障。主要包括考录制度、职位分类制度和考核制度等。这三项内容是测度公务员制度对内发生规范效应、对外产生积极引导力的重要依据。行政决策制度、行政执行制度、行政监督制度形成"三位一体"的整体逻辑关系。换言之，行政决策的实施依托行政执行予以保障，而保证行政执行能够不偏不倚达成行政决策预期目标则需要行政监督。行政决策制度是一国政治现代化、民主与法治发展程度的集中展现，更是行政软实力的体现方式之一。因此，行政首长负责制度、行政决策信息公开制度、行政决策专家咨询制度、行政决策论证评估制度能够分别从决策主体、决策结果公开事项与范围、参与主体、合理合法性的论证等角度较为全面地构成行政决策制度的核心内容。行政执行制度所涉的执行主体、执行流程等指标反映的是行政执行的效果。行政监督制度对规范行政权力以及制约行政主体行政行为起到重要的作用。党内监督、行政机关内部监督、立法机关监督、舆论监督及公众监督是行政监督制度的主要内容。党内监督是党通过自己的纪律、制度等对党员干部实施监督和管理。行政机关的成员绝大多数都由党员组成，故党内监督在行政监督中发挥着重要的作用。行政机关内部监督在行政监督制度体系中分为一般监督、业务监督和专门监督。立法机关监督，指的是立法机关通过制定相关的法律法规以规范行政人员的行政行为，并依据法律法规撤免或惩戒违法、失职的行政人员。舆论监督是运用新闻传媒改善社会政治生活质量，特别是监督、改进和提高政府与执政党的公共行政水平的政治性活动。① 公众监督是行政监督体系中一支重要的力量，主要通过信访、网络等渠道达成监督目的。

---

① 刘湘宁：《论行政伦理的监督机制》，《长沙大学学报》2005 年第 3 期。

第三章 中国政府行政软实力
建设的现状及问题

中国政府行政软实力的建设，需要在明了其现状、问题的基础上采取有针对性的措施加以推进。本章从行政软实力的三个核心部分即行政文化、行政伦理和行政制度探讨中国政府行政软实力建设的现状与存在的问题。其中，行政文化的建设聚焦于行政价值观、行政意识和行政心理，行政伦理的建设集中在个人伦理和职业伦理，行政制度的建设主要探讨公务员制度、行政决策制度、行政执行制度和行政监督制度。

第一节 行政软实力建设的现状

一 行政文化建设

（一）行政价值观建设

行政价值观的建设，不仅需要在主观意识上培养行政人员的行政价值取向与追求、形成内在的精神导引，而且还需要将行政价值观由主观意识转化为现实形态。作为行政文化的组成元素之一，我国政府行政价值观的建设体现在为官之道、参与式行政价值观、问责式行政价值观以及服务型行政价值观等方面。

1. 为官之道

我国自古以来，都十分重视为官之道。何为为官之道，《管子》认为为官要知道礼、义、廉、耻。礼，就是要遵循为官的道德规范；义，就是要有正确的为官价值观；廉，就是要有为官操守，廉洁奉公；耻，就是为官要明是非、辨善恶。在当代，为官之道就是行政人员对自己手中权力的性质、来源、面向、行使规则和方式的价值取向，包括权力是公共的还是私有的，权力主体是行政人员自身还是人民群众，权力的运用是依法行政还是自由行政，权力行使的目的是创造和维护公共价值还是为自己谋利等。

　　为官之道作为行政人员价值取向的重要表征之一，在当前，我国为官之道价值取向的建设内容主要集中在以下几个方面：一是为官之本。为官之本建设在于使行政人员树立为官一任、造福一方的为官信念。二是为官之德。为官之德建设在于使行政人员做官保持清正廉洁。三是为官之义。为官之义建设在于使行政人员明法、维护公义。

　　基于对国家社科基金重大课题"中国行政管理体制现状调查与改革研究"的数据分析，以山西省和重庆市为例来说明行政人员为官之道的价值取向建设的状况。需要说明的是，对山西省和重庆市行政人员为官之道的分析是基于不同级别政府和不同性别两个维度而进行的，具体数据来源于对政府公务员问卷调查的统计结果。具体而言，表 3 - 1 是基于不同级别政府公务员来分析为官之道，表 3 - 2 是基于不同性别的公务员来分析为官之道的。

表 3 - 1　　　　现实大多数领导干部为官之道：基于不同级别政府公务员的分析[1]

选项	类型	政府级别				单项总计
		省级	地市级	县级	乡镇街道	
[1] 为官一任，造福一方	计数	77	68	69	27	241
	百分比（%）	54.6	50.4	52.3	65.9	53.7
[2] 有权不用，过期作废	计数	45	48	47	23	163
	百分比（%）	31.9	35.6	35.6	56.1	36.3
[3] 唯我独尊，大权独揽	计数	47	31	44	11	133
	百分比（%）	33.3	23.0	33.3	26.8	29.6

---

　　① 石亚军：《中国行政管理体制专项问卷调查数据统计》，中国政法大学出版社 2008 年版，第 120 页。

续表

选项	类型	政府级别				单项总计
		省级	地市级	县级	乡镇街道	
[4] 敷衍了事，得过且过	计数	22	35	29	6	92
	百分比（%）	15.6	25.9	22.0	14.6	20.5
[5] 事不关己，高高挂起	计数	19	24	16	0	59
	百分比（%）	13.5	17.8	12.1	0	13.1
[6] 不做实事，夸夸其谈	计数	27	34	30	11	102
	百分比（%）	19.1	25.2	22.7	26.8	22.7
[7] 其他	计数	6	1	6	0	13
	百分比（%）	4.3	0.7	4.5	0	2.9
参选人数总计	计数	141	135	132	41	449
	百分比（%）	100.0	100.0	100.0	100.0	100.0

表 3-2　　现实大多数领导干部为官之道：基于不同性别公务员的分析[①]

选项	类型	性别		单项总计
		男性	女性	
[1] 为官一任，造福一方	计数	153	88	241
	百分比（%）	53.1	54.7	53.7
[2] 有权不用，过期作废	计数	103	60	163
	百分比（%）	35.8	37.3	36.3
[3] 唯我独尊，大权独揽	计数	88	45	133
	百分比（%）	30.6	28.0	29.6
[4] 敷衍了事，得过且过	计数	61	31	92
	百分比（%）	21.2	19.3	20.5
[5] 事不关己，高高挂起	计数	34	25	59
	百分比（%）	11.8	15.5	13.1
[6] 不做实事，夸夸其谈	计数	61	41	102
	百分比（%）	21.2	25.5	22.7

---

① 石亚军：《中国行政管理体制专项问卷调查数据统计》，中国政法大学出版社 2008 年版，第 120 页。

续表

| 选项 | 类型 | 性别 | | 单项总计 |
		男性	女性	
[7] 其他	计数	6	7	13
	百分比（%）	2.1	4.3	2.9
参选人数总计	计数	288	161	449
	百分比（%）	100.0	100.0	100.0

从不同级别政府公务员的为官之道可以看出，省级、地市级、县级和乡镇街道不同级别的政府公务员，在为官之道的价值取向方面中"为官一任，造福一方"均占主流价值地位。也就是说，"为官一任，造福一方"是各级政府公务员主导价值观，其地位明显高于其他选项中的"有权不用，过期作废""唯我独尊，大权独揽""敷衍了事，得过且过"等。这表明这两个地区政府公务员行政价值主流是积极向上的，是以人民利益为工作动力和出发点的。需要注意的是，在乡镇街道这一基层政府我们发现，尽管"为官一任，造福一方"比值高达65.9%，但是"有权不用，过期作废"的比值却高达56.1%，这反映出乡镇街道基层政府公务员行政价值观有异化的趋势。

从不同性别的公务员对为官之道的看法得知，无论是男性公务员还是女性公务员，均普遍认为为官要做到"为官一任，造福一方"。也就是，公务员整体价值取向是健康的。但是，"有权不用，过期作废""唯我独尊，大权独揽""不做实事，夸夸其谈"的为官价值取向也占有一定的比例，例如，"有权不用，过期作废"比值达到36.3%，"唯我独尊，大权独揽"比值达到29.6%，"不做实事，夸夸其谈"比值达到22.7%。这表明，不良的为官价值取向在公务员群体中还是占有一定比例的，而且这个数值并不容乐观。

2. 参与式行政价值观建设

参与式行政价值观，在主观意识上要求行政人员充分尊重公众的参与权，使公众积极参与政府决策，其建设涵盖两个方面的内容：一是使行政人员树立权力为民所有的价值取向。权力为民所有，就是权力属于人民，权力掌握在人民手中。换言之，行政人员的权力来自人民的授予，代表的是公共利益。树立权力为民所有的价值取向，是为了使行政人员尊重人民意愿、听取人民建议，与人民共享权力。二是使行政人员树立允许公众参与政府决策的价值取向。也就是说，要使行政人员具有支持并采取相应措施保障公众能够参与政府决策过程、让公众成为政府决策的主体构成的价值追求。

党和政府历来重视对行政人员参与式行政价值观建设的强化，以积极促成公民参与国家事务的管理、参与政府决策权利的实现。党的十六大报告明确指出，要健全民主制度，丰富民主形式，扩大公民有序的政治参与，保证人民依法实行民主选举、民主决策、民主管理和民主监督，享有广泛的权利和自由。党的十七大报告继续强调，要坚持国家一切权力属于人民，从各个层次、各个领域扩大公民有序的政治参与，最广泛地动员和组织人民依法管理国家事务和社会事务、管理经济和文化事业。党的十八大报告再次强调，必须坚持人民主体地位，中国特色社会主义是亿万人民自己的事业，要发挥人民主人翁精神，坚持依法治国这个党领导人民治理国家的基本方略，最广泛地动员和组织人民依法管理国家事务和社会事务、管理经济和文化事业、积极投身社会主义现代化建设，更好地保障人民权益，更好地保证人民当家做主。[①] 具体来讲，在当前行政实践过程中，参与式行政价值观建设的现实形态主要表现为听证会及网络环境下的行政参与。

（1）听证会。听证会是参与式行政价值观一种重要的行政实践表现形式。我国政府听证会的内容主要涉及人民群众切身利益的民生问题，通过政府举行听证会，让公众积极参与听证会，提出自己的建议和意见，监督政府决策，这有利于政府决策的科学化和民主化，也有利于公众意愿的表达和实现。

我国听证会的主要类型包括行政处罚听证、价格听证、立法听证。不同类型的听证会均是对我国参与式行政价值观的具体反映。

①行政处罚听证会。行政处罚听证会基于《行政处罚法》确立和

[①] 《中国共产党第十八次全国代表大会文件汇编》，人民出版社 2012 年版，第 13 页。

实施。行政处罚听证既能有效制约行政权力，又能保护处罚对象的合法权益，同时也能扩大旁听公众的行政参与权。

现阶段我国行政处罚听证会的程序主要包括：当事人要求听证的，应当在行政机关告知后的 3 日内提出；行政机关应当在听证会召开七天前，通知当事人举行听证的时间和地点；除涉及国家秘密、商业秘密或者个人隐私外，听证会应当公开举行；听证由行政机关指定的与本案调查人员无关的人来主持，如果当事人认为主持人与本案有直接利害关系，有权申请回避；举行听证时，调查人员提出当事人违法的事实、证据和行政处罚建议时，当事人应当进行申辩和质证；听证应当制作笔录，笔录应当交当事人审核无误后签字或者盖章。行政处罚听证程序总体上还是比较尊重当事人对个人合法权益的保护。

以上海市为例①，自 1996 年 10 月 1 日行政处罚法实施之后，当年仅发生了一件听证案件。此后，1997 年全年为 46 件，1998 年全年为 85 件。1999 年全年统计到的听证告知案件数为 12912 件，其中进入听证程序的为 170 件。2000 年上半年中（6 月 30 日止），在不包含公安机关资料的前提下，共有听证告知案件数 5948 件，其中 57 件进入了听证程序。总之，在不包含 2000 年上半年公安机关资料的前提下，自行政处罚听证程序制度实施以来，1996 年 10 月 1 日到 2000 年 6 月 30 日，上海市共实施了 359 件听证案件。以上听证案件主要涉及环保部门、司法部门、规划部门、公共事业部门、财税部门、房地产部门、卫生部门等。从上海市行政处罚听证会举行的情况可以看出，近年来行政听证会在上海正呈逐年上升的趋势不断发展。

②价格听证会。1998 年我国颁布了《中华人民共和国价格法》，标志着我国在法律上予以价格听证以法制保障，2001 年国家发展计划委员会颁布了《政府价格决策听证暂行办法》，标志着我国正式实行价格听证制度。价格听证制度具体表现手段就是价格听证会。

根据 2008 年国家发改委制定的《政府制定价格听证办法》总则

---

① 朱芒：《行政处罚听证制度的功能——以上海听证制度的实施现状为例》，《法学研究》2003 年第 5 期。

第三条规定①，价格听证会的范围是"关系到群众切身利益的公用事业价格、公益性服务价格和自然垄断经营的商品价格等政府指导价、政府定价，应当实行定价听证。听证的具体项目通过定价听证目录确定，但容易引发抢购、囤积，造成市场异常波动的商品价格，通过其他方式征求意见，不纳入定价听证目录。中央定价听证目录由国务院价格主管部门依据中央定价目录制定并公布；地方定价听证目录由省级人民政府价格主管部门依据地方定价目录制定并公布"。② 也就是说，需要进行价格听证的范围类别指的是公用事业价格、公益性服务价格及自然垄断经营的商品价格。其中，公用事业价格指的是电信、邮政、公交、电力等服务行业的价格；公益性服务价格指的是教育收费、医疗收费等价格；自然垄断经营的商品价格指的是民航、铁路、石油、天然气、自来水等价格。

　　价格听证会扩展了公民参与的渠道，使企业和公民个人的意愿得到表达，对政府决策产生影响作用，促使政府决策兼顾各方利益，维护社会的公平正义。例如，近年来，我国地方政府在涉及天然气价格、自来水价格等的调整时，均召开价格听证会。具体来讲，有广东惠州召开的天然气用价听证会，使居民用价有所下调，商业和工业用价有所提高；③ 有贵州遵义召开的自来水价调整听证会，最终实行的阶梯式收费形式。④

　　③立法听证会。我国的立法听证会最早是从地方开始的，而且立法听证会主要是以地方为主。1999 年广东开启了全国立法听证会的先河。紧接着，我国地方各级政府法制办和人大逐步展开了立法听证会。从 1999 年至 2011 年全国各省（区、市）共就 152 件法律法规举行了立法听证会，从 1999 年只有 1 件开始，2000 年大幅上升，达到了 8 件，2001 年后一直缓慢上升，在数量和范围上不断扩大，2006

---

① 廖文根：《听证会公信力从哪里来》，《人民日报》2011 年 10 月 26 日。

② 来源于 http：//www. lawtime. cn/info/minfa/minfafagui/20111217100853. html。

③ 来源于 http：//news. 163. com/13/0205/09/8MUK9CQM00014AED. html。

④ 来源于 http：//www. gz. xinhuanet. com/2013 - 02/01/c_ 114587029. htm。

年达到 18 件。① 具体来讲，可以参见表 3 - 3。

表 3 - 3   各省（区、市）举办过立法听证会的法律法规件数
（1999—2011 年）②

件数	0	1	2	3	4	5	6	7	8	9	10	13	14
省区市	西藏	贵州	山西 青海 广西 吉林 甘肃 河南 内蒙古	陕西 湖北 新疆 北京 黑龙江	广东 河北 天津 福建 海南 宁夏 安徽	江西	辽宁 浙江 湖南	云南	山东	四川	江苏	重庆	上海

需要指出的是，从听证会的内容来看，涉及的社会关系十分广泛，有关经济管理与规范市场秩序的、有关城市建设与管理方面的、有关社会保障的、有关教科文卫和交通安全等社会管理的、有关环境和资源保护方面的、有关行政监督方面的等。③ 例如，在 2007 年，重庆市政府法制办举行《重庆市高温天气劳动保护办法（草案）》网上立法听证会；④ 2007 年 6 月，济南市召开《济南市城镇企业职工基本养老保险条例（修订草案）》⑤，等等。

我国立法听证会在十多年的实践中取得了一定的成果。一是立法听证会逐步成为公民政治参与的重要制度，促使参与式行政价值观在实践中的发展。立法听证会使公民能够参与到涉及自身利益的立法活

① 张利军：《政治参与视角下立法听证会的困境与机遇》，《经济社会体制比较》2012 年第 4 期。

② 同上。

③ 汤琳俊：《我国立法听证制度的瑕疵及其缘由》，《华东政法大学学报》2007 年第 4 期。

④ 张冰姿、李伟：《重庆建筑听证：夏季高温多少度须停工》，《中国建设报》2007 年第 期。

⑤ 季耀昆：《市人大常委会首开立法听证会》，《济南日报》2007 年 6 月 28 日。

动中，能够陈述意见、提出建议。二是立法听证会基本上能够在选取
听证代表上做到兼顾各方利益群体。立法听证会在选取代表时，总体
考虑是让不同利益群体都能够发表意见，以最大限度达到利益的均
衡。三是立法听证会基本上能够做到程序的公开透明。这主要体现在
立法听证会的前期准备工作，包括告知社会公众听证会的时间、地
点、人选、流程及听证会事项等。

（2）网络环境下的行政参与。目前，我国网络环境下的行政参与
主要由参与主体、参与手段和参与领域三个部分组成，并在总体上具
备一些特点。

①参与主体。当前，我国网络环境下的行政参与主体包括普通大
众、知识精英、政治精英及商业精英等群体。

普通大众指的是大学生、工人、农民、城市普通居民等。普通大
众由于受到自身知识储备、认知能力的限制，其在网络环境下的行政
参与积极性整体不高，往往对政府政策、政府执行情况等关注度低。
其行政参与主要集中在各自的利益诉求上，例如大学生关注的是政府
的就业政策，工人关注的是养老保险和医疗保险，农民关注的是政府
补贴及"三农"政策等，城市普通居民关注政府对天然气、水电、交
通工具等的定价问题。

知识精英指的是具备丰富的知识，具有夯实的专业基础，代表着
文明与理性，关注社会公平正义，关注国家、社会及政府一切动态的
群体。知识精英在网络环境下的行政参与积极性普遍都比较高，关注
政府决策、政府行为的方方面面，对政府存在的问题的批评往往是一
针见血。

政治精英指的是以政治为职业的专门家，他们直接掌握权力，进
行国家和社会的组织与管理，他们占据社会发展的主导位置，对社会
和历史起领导作用。[①] 这就决定了政治精英在网络环境下的行政参与
更具有政治性，是以国家和政府利益为出发点来表达意见和建议的。

---

① 王克良、柏良泽：《试论知识精英与政治精英的结合》，《政治学研究》1989年第4
期。

商业精英指的是在工商界取得巨大成功，拥有大量财富并在业界具有深远影响力的人士。商业精英更多是关注政府的投资环境、投资政策、投资条件等，因此商业精英在网络环境下的行政参与更多的是要求政府在投资上给予更多的优惠和条件。

②参与手段。网络环境下的行政参与手段主要是以计算机技术和网络技术为媒介参与政府活动。网络环境下的行政参与手段相对来说比较单一，主要表现形式就是参与主体通过发送电子邮件、网上讨论等方式参与政府的决策。

③参与领域。网络环境下的行政参与领域涉及政府的行政决策、行政执行和行政监督等领域。具体来讲，行政决策领域指的是参与主体通过互联网对政府关于某一问题征求意见时提出看法、提出建议，使参与主体的意见成为政府决策时的重要考量因素；行政执行领域指的是参与主体通过互联网对政府执行政策过程中出现的偏差以及政府政策执行中对利益相关者造成的损害提出批评，并提出纠错意见；行政监督领域指的是参与主体通过互联网对政府及行政人员不当行为进行曝光，以期引起政府主管部门、社会媒体及社会公众的关注，并使曝光问题得到有效解决。

网络环境下的行政参与具有以下特点：一是廉价性。网络环境下的行政参与不需要特定的参与场所和特定的设施，只需要一台计算机和网络相通，参与主体即可参与政府活动，可以和政府沟通交流，发表自己的观点。这就大大降低了政府的行政成本和参与主体的支付成本，使其具有较好的廉价性。二是开放性。网络环境下的行政参与对参与主体并没有特定的限制，对绝大部分人来说都是开放的。只要进入政府相关网站，参与主体便可顺利参与政府的决策。这种开放性，使绝大部分人只要能够上网，就能看到政府关于一些社会问题、民生问题的态度、观点，也能使公众自由地发表意见。三是平等性。网络环境下的行政参与的平等性是指参与主体不受性别、宗教信仰、学历、年龄、民族、政治身份等的限制，均能够平等地在网络环境下向政府表达意愿、提出诉求。这种平等性能够极大地实现参与主体参政议政的民主权利，提高参与主体参与政府事务的热情和积极性。四是便捷性。网络环境下的行政参与的便捷性是指其基本不受地理空间、时间等因素的限制，能够比较方便地通过网络参与政府事务的讨论。网络环境下的行政参与不需要复杂的程序和设备，只要通过联网的计算机就可以实现行政参与，这和现场参与相比而言，是十分便捷的。

3. 问责式行政价值观建设

自 2003 年"非典"事件以来，政府在加大对失职和渎职行政人员追究责任、实行问责的力度的同时，也更进一步注重问责式行政价值观的建设。历经十多年的发展，问责式行政价值观已经成为政府行政文化的一项重要因素，问责式行政的价值取向建设也发生了相应的变化，此变化主要体现在现实形态上。

（1）从"权力意志问责"向"制度问责"价值取向转变。问责式行政价值观建设的成效之一就是问责价值取向从"权力意志问责"转向"制度问责"。以往对相关行政人员责任的追究、处罚程度的轻重，主要取决于上级领导的意图。也就是说，问责是以上级领导的意志为转移的，上级领导的意见决定着对相关行政人员问责的方式。这种问责方式是随意的、主观的，没有制度保障。为了改变这种局面，在中央层面，党和政府在 2004 年先后出台的《中国共产党党内监督条例（试行）》《政府工作报告》《全面推进依法行政实施纲要》等，对行政问责也做出了相关规定。2005 年颁布的《中华人民共和国公务员法》，使我国行政问责更进一步走向法治化和规范化的道路。在地方层面，2003 年 8 月，湖南省长沙市率先颁布了《长沙市人民政府行政问责制暂行办法》，明确规定行政主要负责人"在所管辖的部门和工作范围由于故意或者过失，不履行或者不正确履行法定职责"将被追究行政责任。① 随后，重庆、海南、北京、浙江、天津、深圳、河北等省市先后出台了有关行政问责的规章制度。从中央层面和地方层面出台的制度来看，我国行政问责的制度化保障已经日趋成熟。

（2）从"同体问责"向"异体问责"价值取向转变。问责式行

① 刘敏军：《当代中国行政问责制度的发展：成就、问题与对策》，《佛山科学技术学院学报》（社会科学版）2007 年第 2 期。

政价值观建设的成效之二就是问责价值取向从"同体问责"转向"异体问责"。"同体问责"指的是行政系统内部自上而下的问责，上级对下级的问责，监督机关对被监督机关的问责。随着行政问责的不断发展，这种"同体问责"已经转向"异体问责"。"异体问责"指的是问责机构不再仅仅局限于行政机关内部，而是社会公众、新闻媒体等都能够对政府及其行政人员进行问责。例如，社会公众和新闻媒体对哈尔滨桥梁事故的问责、南京暴力拆迁事件的问责、河南义昌大桥坍塌事故的问责等，都是"异体问责"的具体表现。

（3）从"有过"行政人员向"庸碌"行政人员问责价值取向转变。问责式行政价值观建设的成效之三就是问责对象从"有过"行政人员转向"庸碌"行政人员。由于长期以来形成的行政惯性，我国对行政人员的问责主要集中在对有过错行政人员的身上，而忽视对"在其位不谋其政""做一天和尚撞一天钟"碌碌无为的行政人员的问责。但是到了2004年，浙江实施《浙江省影响机关工作效能行为责任追究办法（试行）》，率先在全国建立了"庸官问责制"。①《办法》规定全省党政机关的工作人员如在公务活动中不履行或者不正确履行职责，影响机关工作秩序和效能的都将被问责。②继浙江颁布治理庸官办法出台后，江苏、湖北、湖南、山西、新疆、重庆、深圳等省区市相继开展了"治庸计划""责任风暴"等。以2011年为例：武汉市开展了以治庸提能、治懒增效、治散聚力、优化发展环境为目标的治庸问责风暴，共问责305人；③新疆维吾尔族自治区人民政府刮起的效能风暴在全疆各级行政机关产生明显效果，9个职能厅局的相关处室被通报批评，其中6个处室负责人因此被免去现职，下派基层挂职锻炼或轮岗交流；④湖南对"懒政"行政人员的处理采取九种方式，即"诫勉谈话、责令书面检查、公开道歉、通报批评、停职检

---

① 陆彩鸣、徐小军：《我国行政问责制建设的现状、缺陷及完善》，《中共银川市委党校学报》2008年第6期。

② 同上。

③ 来源于http：//review. jschina. cn/system/2011/07/18/011244024. shtml。

④ 来源于http：//news. xinhuanet. com/legal/2011 - 03/16/c_ 121191601. htm。

查、调离工作岗位、引咎辞职、责令辞职、免职"。① 通过对"庸碌"行政人员的问责，使上班"喝茶看报"、玩网络游戏的行政人员难以再有存在的空间。

（4）从"事故部门"向"各个部门"问责价值取向转变。问责式行政价值观建设的成效之四就是问责价值取向从"事故部门"转向"各个部门"。以往我国的问责主要是对事故部门的领导和责任人进行问责。但是从 2003 年开始，行政问责的范围不断扩大。② 表现之一，除交通安全部门外，公共服务领域、工作决策领域、行政执法领域的诸多事件都被划定在可问责范围内；表现之二，除行政机关外，党群组织、公检法机关、企事业单位等也被纳入问责的视野。③ 问责范围的不断扩大，使问责涉及的层面越来越广，对监督和惩治"问题行政人员"具有积极意义。

4. 服务型行政价值观建设

建设服务型行政价值观，是以"以人为本"为价值准则来塑造政府，并使"以人为本"的价值准则成为政府服务的基本理念。"以人为本"强化政府的服务意识，增强政府公共服务的责任感，以确保服务型行政价值观"民本"思想的实现。服务型行政价值观的"以人为本"价值准则在政府服务过程中主要表现出以下两种具体现实形态：

（1）"一站式"政府。关于对"一站式"政府的界定，学界并未达成一致的认识，其认识的不同点可以分为单一接触的政府、单一站点的政府和服务一体化的政府三个方面。但是，从广义上讲，"一站式"政府是指在公民本位理念指导下，政府通过设置多种便于寻找的服务前台（实体的或虚拟的）和协调整合不同政府部门间的信息和服务，使其在与公民、企业或第三部门的单一接触中，便可为他们提供全方位、一体化和个性化服务的组织形态；从狭义角度而言，"一站

---

① 来源于 http：//news. xinhuanet. com/politics/2011 – 04/07/c_ 121277664. htm。
② 刘敏军：《当代中国行政问责制度的发展：成就、问题与对策》，《佛山科学技术学院学报》（社会科学版）2007 年第 2 期。
③ 同上。

式"政府是通过一站式政府门户网站为公民、企业或第三部门提供全方位、一体化和个性化公共服务的政府，或称为网上"一站式"政府。①

"一站式"政府在我国政府服务中呈现出实体形态和网络形态。无论是实体形态还是网络形态，"一站式"服务秉持的观念就是"以人为本"，以公众的满意度作为评判"一站式"政府服务水平、服务质量的指标。实体形态主要是行政服务大厅。目前，我国绝大部分城市都建立了实体的行政服务大厅，主要为社会组织及公众提供行政审批、社会保障等服务。实体行政服务大厅使社会组织及公众与政府人员面对面接触、交流，有利于及时解决问题，提高服务效能。网络形态主要是公众可以通过政府门户网站、电子邮件等完成相关的服务，而不必接受实体服务。网络形态的"一站式"服务能够不受时间的限制，随时为社会组织和公众提供政府服务。

（2）社区服务。社区服务是我国政府部门积极推进社区建设的一项重要内容②，社区服务也是服务型行政价值观在行政实践中的具体表现。社区服务指的是在党和政府的主导下，依靠社区力量，为社区提供福利性、公益性、经营性的服务。我国社区服务同样坚持"以人为本"的理念，并以为社区公民提供满意的服务为宗旨。社区服务"以人为本"的价值准则在实践中具体体现为：

一是坚持以人为本提供社区服务。"以人为本"强调的是"人本思想"，注重民生问题。我国社区服务的一大特色就是在使普通社区公众享有服务的同时，最大限度地保障弱势群体的生活需求、精神文化的需求，以此来促进社区的协调发展，实现政府对社区居民的公平正义。

二是服务范围上面向社区多元主体。我国社区服务的主体在范围上主要包括社区弱势群体、普通公众、企事业单位和机关团体。社区服务向社区弱势群体包括下岗职工、伤残人员、鳏寡羸弱人员等提供福利服务，保障社区弱势群体的基本生活和生存需要；向普通公众主

① 刘红波：《一站式政府的概念解析与角色定位》，《电子政务》2012年第8期。
② 邹凯、马葛生：《社区服务公众满意度测评研究》，《中国软科学》2009年第3期。

要提供一些便民服务，例如修建简易健身场所、提供简单医疗服务等；向社区企事业单位和机关团体主要提供"后勤服务"，例如提供卫生清洁服务、安全保障服务等。

三是服务性质上无偿性和有偿性相结合。我国社区的无偿性和有偿性服务相结合，是适应我国国情的。社区无偿性服务主要针对的是社区弱势群体，同时还包括对普通居民基本需求提供无偿服务。社区有偿性服务主要针对企事业单位和机关团体。

四是服务方式上采取志愿服务与邻里互助相结合。志愿服务是我国社区服务的重要形式，它以志愿者为服务力量向社区居民提供服务；邻里互助可以说是社区服务的非正式服务形式，它是依靠邻里之间的团结友爱的精神来互帮互助的。

（二）行政意识建设

行政意识是政府公务员对行政体系及其活动处于理性认识阶段的心理活动，主要包括行政观念、行政思想、行政原理等。[1] 行政意识具有影响行政人员的行为模式和行政态度的作用。当前，行政意识建设内容主要包括行政观念和行政思想两个方面。基于对国家社科基金重大课题"中国行政管理体制现状调查与改革研究"的数据分析，以山西省和重庆市为例，选取行政观念和行政思想为分析对象，来解析我国部分地区行政意识建设的状况。

1. 行政观念

所谓行政观念，是指以行政服务、行政公开、法律优先、法律保留、监督行政、行政赔偿等为核心内容的观念体系。[2] 本章所研究的行政观念，主要是分析对培养行政人员现代行政观念有效性的认识。通过对山西和重庆的问卷梳理，得知不同级别的政府公务员和不同性别的公务员对培养行政人员现代行政观念有效性的认识存在差异，其可以通过表3－4和表3－5来体现。

---

[1]　石亚军：《中国行政管理体制实证研究——问卷调查数据分析》，中国政法大学出版社2010年版，第649页。

[2]　王勇：《试论现代行政观念》，《理论视野》2007年第9期。

表 3 – 4　　　　对培养行政人员现代行政观念有效性的认识：
基于不同级别的政府公务员①

选项	类型	政府级别				单项总计
		省级	地市级	县级	乡镇街道	
[1] 加快行政管理体制改革	计数	58	74	55	24	211
	百分比（%）	61.1	71.8	59.1	66.7	64.5
[2] 完善法律，建立健全规章制度	计数	61	69	67	31	228
	百分比（%）	64.2	67.0	72.0	86.1	69.7
[3] 行政首脑率先树立现代行政观念	计数	51	48	44	19	162
	百分比（%）	53.7	46.6	47.3	52.8	49.5
[4] 加强对行政工作人员现代行政观念的灌输	计数	41	45	40	16	142
	百分比（%）	43.2	43.7	43.0	44.4	43.4
[5] 其他	计数	1	0	1	0	2
	百分比（%）	1.1	0	1.1	0	0.6
参选人数总计	计数	95	103	93	36	327
	百分比（%）	100.0	100.0	100.0	100.0	100.0

　　表 3 – 4 反映出省级政府、县级政府和乡镇街道公务员认为"完善法律，建立健全规章制度"对培养行政人员现代行政观念更为有效，而地市级政府公务员认为"加快行政管理体制改革"对培养行政人员现代行政观念更为有效。但是从总体上分析来看，完善法律和建立健全规章制度是培养行政人员现代行政观念最为有效的途径。

　　无论是男性公务员还是女性公务员，均认为"完善法律，建立健全规章制度"对培养行政人员现代行政观念至关重要。"加快行政管理体制改革"在培养行政人员的现代行政观念中的重要程度略微低于"完善法律，建立健全规章制度"，但是同样具有重要的作用，因为其单项总计的比值仅仅低于完善法律和建立健全规章制度的比值（见图 3 – 5）。

---

① 参见石亚军《中国行政管理体制专项问卷调查数据统计》，中国政法大学出版社2008 年版，第 127—128 页。

表 3－5　　　　对培养行政人员现代行政观念有效性的认识：
基于不同性别的公务员①

选项	类型	性别		单项总计
		男性	女性	
[1] 加快行政管理体制改革	计数	137	74	211
	百分比（％）	68.5	58.3	64.5
[2] 完善法律，建立健全规章制度	计数	142	86	228
	百分比（％）	71.0	67.7	69.7
[3] 行政首脑率先树立现代行政观念	计数	96	66	162
	百分比（％）	48.0	52.0	49.5
[4] 加强对行政工作人员现代行政观念的灌输	计数	83	59	142
	百分比（％）	41.5	46.5	43.4
[5] 其他	计数	1	1	2
	百分比（％）	0.5	0.8	0.6
参选人数总计	计数	200	127	327
	百分比（％）	100.0	100.0	100.0

总的来说，培养行政人员的现代行政意识，首先要完善法律，建立健全规章制度，使行政人员树立依法行政、照章办事的行政观念；其次要加快行政管理体制改革，培养行政人员为民服务、高效行政、廉洁行政的行政观念。这些对于增强政府行政软实力具有积极意义。

2. 行政思想

所谓行政思想，指的是行政人员对行政体系和行政行为所持的态度、观点、主张等。民主、法治、公平及正义等是现代政府行政管理所必须具备的行政思想和致力实现的行政目标。而其贯彻执行情况则反映出一个政府行政文化水平和软实力建设的程度。现以山西省和重庆市为例进行分析，其情况如表 3－6 所示。

---

① 参见石亚军《中国行政管理体制专项问卷调查数据统计》，中国政法大学出版社 2008 年版，第 128 页。

表 3 – 6　　对民主、法治、公平及正义等行政思想的贯彻执行：
基于不同级别政府的公务员分析①

选项	类型	政府级别				单项总计
		省级	地市级	县级	乡镇街道	
[1] 基本停留于一般宣传，并未得到实际贯彻或者实际贯彻很少	计数	42	42	41	10	135
	百分比（%）	29.6	30.0	31.3	25.0	29.8
[2] 试图实际贯彻，但尚未将这些观念转化为具体工作制度，贯彻效果不好	计数	34	40	31	12	117
	百分比（%）	23.9	28.6	23.7	30.0	25.8
[3] 得到实际贯彻，但贯彻效果还有待改善	计数	64	57	58	18	197
	百分比（%）	45.1	40.7	44.3	45.0	43.5
[4] 其他	计数	2	1	1	0	4
	百分比（%）	1.4	0.7	0.8	0	0.9
参选人数总计	计数	142	140	131	40	453
	百分比（%）	100.0	100.0	100.0	100.0	100.0

从表 3 – 6 可得知，认为对民主、法治、公平及正义等行政思想贯彻执行力度最大的是省级政府公务员（比值达到 45.1%），其次是乡镇街道公务员（比值达到 45.0%），这说明我国部分地区省级政府和基层政府对民主、法治、公平及正义等行政思想的贯彻执行是比较重视的。但是需要指出的是，虽然这些不同层级政府对民主、法治、公平及正义等行政思想进行了贯彻执行，但是执行效果仍然需要改善。

同样，不同性别的公务员大多数认为民主、法治、公平及正义等行政思想"得到实际贯彻，但贯彻效果还有待改善"。而且，女性公

① 石亚军：《中国行政管理体制专项问卷调查数据统计》，中国政法大学出版社 2008 年版，第 116—117 页。

务员对这一问题的认识态度明显高于男性公务员（见表3－7）。

表3－7　对民主、法治、公平及正义等行政思想的贯彻执行：
基于不同性别的公务员分析①

选项	类型	性别		单项总计
		男性	女性	
[1] 基本停留于一般宣传，并未得到实际贯彻或者实际贯彻很少	计数	87	48	135
	百分比（％）	29.9	29.6	29.8
[2] 试图实际贯彻，但尚未将这些观念转化为具体工作制度，贯彻效果不好	计数	79	38	117
	百分比（％）	27.1	23.5	25.8
[3] 得到实际贯彻，但贯彻效果还有待改善	计数	121	76	197
	百分比（％）	41.6	46.9	43.5
[4] 其他	计数	4	0	4
	百分比（％）	1.4	0	0.9
参选人数总计	计数	291	162	453
	百分比（％）	100.0	100.0	100.0

（三）行政心理建设

行政心理是政府公务员对行政体系及其活动处于感性认识阶段的心理活动，主要包括行政动机、行政态度、行政习惯、行政信仰等。②基于对国家社科基金重大课题"中国行政管理体制现状调查与改革研究"的数据分析，以山西省和重庆市为例，选取行政动机和行政态度为分析对象，来说明我国部分地区行政心理建设的状况。

1. 行政动机

行政动机指的是行政人员发生行政行为时的目的和意向。基于对

---

① 石亚军：《中国行政管理体制专项问卷调查数据统计》，中国政法大学出版社2008年版，第117页。

② 石亚军：《中国行政管理体制实证研究——问卷调查数据分析》，中国政法大学出版社2010年版，第649页。

不同级别政府公务员和不同性别公务员的问卷分析，行政动机在此仅指公务员在尽自己最大努力执行公务时的目的。其具体行政动机如表3-8和表3-9所示。

表3-8　　　　　行政动机：基于不同级别的政府公务员①

选项	类型	政府级别				单项总计
		省级	地市级	县级	乡镇街道	
[1] 公务员的责任心和使命感	计数	89	85	83	29	286
	百分比（%）	64.0	63.4	63.4	76.3	64.7
[2] 自我完善的需要	计数	18	25	18	7	68
	百分比（%）	12.9	18.7	13.7	18.4	15.4
[3] 显示自身的能力	计数	13	17	13	1	44
	百分比（%）	9.4	12.7	9.9	2.6	10.0
[4] 达到领导要求，得到领导赏识	计数	9	4	14	1	28
	百分比（%）	6.5	3.0	10.7	2.6	6.3
[5] 得到周围同事的好评	计数	3	1	1	0	5
	百分比（%）	2.2	0.7	0.8	0	1.1
[6] 得到部门利益	计数	6	1	0	0	7
	百分比（%）	4.3	0.7	0	0	1.6
[7] 得到个人利益	计数	0	1	1	0	2
	百分比（%）	0	0.7	0.8	0	0.5
[8] 其他	计数	1	0	1	0	2
	百分比（%）	0.7	0	0.8	0	0.5
参选人数总计	计数	139	134	131	38	442
	百分比（%）	100.0	100.0	100.0	100.0	100.0

很明显，省级、地市级、县级及乡镇街道的公务员认为其在尽最大努力执行公务时的行政动机是为了履行和实现公务员的责任心和使

① 石亚军：《中国行政管理体制专项问卷调查数据统计》，中国政法大学出版社2008年版，第107页。

命感，其中乡镇街道公务员所表达出来的这一行政动机更为强烈。这说明乡镇街道公务员行政动机更加趋向于履行和实现公务员的责任心和使命感。

表 3 - 9　　　　　　行政动机：基于不同性别的公务员①

选项	类型	性别		单项总计
		男性	女性	
[1] 公务员的责任心和使命感	计数	177	109	286
	百分比（%）	62.8	68.1	64.7
[2] 自我完善的需要	计数	43	25	68
	百分比（%）	15.2	15.6	15.4
[3] 显示自身的能力	计数	34	10	44
	百分比（%）	12.1	6.3	10.0
[4] 达到领导要求，得到领导赏识	计数	18	10	28
	百分比（%）	6.4	6.3	6.3
[5] 得到周围同事的好评	计数	1	4	5
	百分比（%）	0.4	2.5	1.1
[6] 得到部门利益	计数	5	2	7
	百分比（%）	1.8	1.3	1.6
[7] 得到个人利益	计数	2	0	2
	百分比（%）	0.7	0	0.5
[8] 其他	计数	2	0	2
	百分比（%）	0.7	0	0.5
参选人数总计	计数	282	160	442
	百分比（%）	100.0	100.0	100.0

同样，无论是男性公务员还是女性公务员，均认为为了履行和实现公务员的责任心和使命感是其尽自己最大努力执行公务的行政

① 石亚军：《中国行政管理体制专项问卷调查数据统计》，中国政法大学出版社 2008 年版，第108页。

动机。

也就是说，各级政府公务员、不同性别公务员在整体上均认为履行和实现公务员的责任心和使命感是其执行公务的行政动机。这表明，公务员的行政动机在以上两个地区是比较端正的。

2. 行政态度

行政态度是指国家公务员在行政活动中对某些事物或工作的评价和行为倾向。[①] 具体来讲，行政态度包括工作态度、职业态度等。行政态度在表 3 - 10 和表 3 - 11 中指的是公务员的职业态度。行政态度的具体情况见表 3 - 10 和表 3 - 11。

表 3 - 10　　行政态度：基于不同级别政府公务员的分析[②]

选项	类型	政府级别				单项总计
		省级	地市级	县级	乡镇街道	
[1] 为国家服务、为人民服务的理想和人生价值	计数	78	80	82	31	271
	百分比（%）	54.9	58.0	61.2	77.5	59.7
[2] 荣誉与名声	计数	22	25	15	1	63
	百分比（%）	15.5	18.1	11.2	2.5	13.9
[3] 权力与地位	计数	17	11	12	1	41
	百分比（%）	12.0	8.0	9.0	2.5	9.0
[4] 待遇	计数	18	21	23	7	69
	百分比（%）	12.7	15.2	17.2	17.5	15.2
[5] 其他	计数	7	1	2	0	10
	百分比（%）	4.9	0.7	1.5	0	2.2
参选人数总计	计数	142	138	134	40	454
	百分比（%）	100.0	100.0	100.0	100.0	100.0

通过表 3 - 10 和表 3 - 11 得知，不同级别的政府公务员和不同性

---

① 蔡林慧：《行政态度的特质和表现》，《中国行政管理》2003 年第 12 期。

② 石亚军：《中国行政管理体制专项问卷调查数据统计》，中国政法大学出版社 2008 年版，第 110—111 页。

别的公务员，行政态度绝大多数倾向于"为国家服务、为人民服务的理想和人生价值"，其次考虑的才是"待遇"和"荣誉与名声"。也就是说，"为国家服务、为人民服务的理想和人生价值"的行政态度占据了绝对优势。

表 3 - 11　　　　　行政态度：基于不同性别公务员的分析①

选项	类型	性别		单项总计
		男性	女性	
[1] 为国家服务、为人民服务的理想和人生价值	计数	169	102	271
	百分比（%）	57.9	63.0	59.7
[2] 荣誉与名声	计数	46	17	63
	百分比（%）	15.8	10.5	13.9
[3] 权力与地位	计数	32	9	41
	百分比（%）	11.0	5.6	9.0
[4] 待遇	计数	41	28	69
	百分比（%）	14.0	17.3	15.2
[5] 其他	计数	4	6	10
	百分比（%）	1.4	3.7	2.2
参选人数总计	计数	292	162	454
	百分比（%）	100.0	100.0	100.0

二　行政伦理建设

我国政府历来都很重视行政伦理的建设，并通过完善行政人员的行政伦理来提高政府整体伦理水平，增强公众对政府及其行政人员的认同感，扩大我国政府的影响力。具体来讲，我国行政伦理的建设由行政人员的个人伦理和职业伦理两个部分组成。

（一）个人伦理建设

目前，个人伦理的建设主要集中在行政伦理教育、行政责任培育

---

① 石亚军：《中国行政管理体制专项问卷调查数据统计》，中国政法大学出版社 2008 年版，第 111 页。

两个方面。

1. 行政伦理教育

行政伦理教育是不同社会制度的政府为使公共行政人员践行其道德义务而依据道德原则和规范，有目的、有计划、有组织地对其施加系统的道德影响的活动。① 近年来，我国政府对行政人员进行行政伦理教育主要采取以下几种方式：

一是通过对行政人员进行进修、培训来加强行政伦理教育。当前，我国对行政人员进行行政伦理的教育、培训，主要采取贯彻领导讲话精神和课程教育相结合的方式。例如，对行政人员行政伦理教育产生重要影响的领导讲话精神包括：江泽民同志曾在干部教育讲话中提出领导干部要堂堂正正做人、做有道德的人；胡锦涛同志多次强调："要加强从政道德教育；常修为政之德；筑牢拒腐防变思想道德防线；我们党的干部标准是德才兼备、以德为先，德的核心是党性。"② 习近平同志在中央党校2009年春季学期第二批进修班暨专题研讨班开学典礼上的讲话指出："通过研读伦理经典，知廉耻、明是非、懂荣辱、辨善恶，培养健全的道德品格。"③ 而在课程教育上，主要将行政伦理及与行政伦理相关的科目作为培训的重要内容。例如，我国各级党校在进行行政人员行政伦理教育时，基本上均将行政伦理学作为一门必修的内容。④

二是通过干部教育网站对领导干部进行相关的个人伦理教育，例如"北京干部教育网""安徽干部教育在线""重庆领导干部网"等。这些网站包含了对行政人员进行行政伦理教育的理论课件、先进人物的典型事迹等，以此向领导干部提供个人伦理教育的素材。

2. 行政责任培育

行政责任培育在行政人员个人伦理建设中具有重要的作用，也是个人行政伦理建设的一项重要内容。当前，为增强行政人员的行政责

---

① 韩莹莹、张强：《行政道德刍议》，《云南社会科学》2005年第6期。
② 王伟：《关于加强行政伦理法制建设的建议》，《人民论坛》2010年第11期。
③ 来源于 http://theory.people.com.cn/GB/49169/49171/9315765.html。
④ 此结论的依据来自对我国绝大部分省市党校公务员伦理培训内容的总结。

任意识和行政责任的养成效果，我国行政责任培育的主要建设内容为：

一是通过责任立法的形式以强化行政人员的行政责任意识。例如，我国在 2001 年颁布了《国务院关于特大安全事故行政责任追究的规定》，其主要目的是有效防范特大安全事故的发生，严肃追究特大安全事故的相关责任人的行政责任。① 2005 年颁布实行的《公务员法》对公务员责任追究也作了具体规定，其中包括对公务员违法或错误执行公务、违反纪律等进行责任追究。

二是加强责任教育的培训。对行政人员进行责任教育的培训，主要是各级政府通过党校、高等院校等对行政人员进行责任观念、责任意识的教育。例如，政府通过高等院校，向行政人员授课以使其了解行政责任的内容、如何去培养行政责任感。

（二）职业伦理建设

1. 廉洁奉公

廉洁奉公的职业伦理观，要求行政人员在行政实践中要做到洁身自好、清正廉洁，不以权谋私。党和政府历来重视行政人员廉洁奉公的职业伦理观的建设。例如，1979 年邓小平在《高级干部要带头发扬党的优良传统》的报告中指出，要对高级干部的生活待遇作出规定，克服特殊化。② 江泽民同志在党的第十五次代表大会指出，如果腐败得不到有效惩治，党就会丧失人民群众的信任和支持。③ 朱镕基在 2000 年主持国务院第五次会议时明确强调，要加强廉政建设，惩治腐败，廉洁是第一位的。④ 胡锦涛于 2006 年 3 月在第十届中国人民政治协商会议第四次会议上提出"八荣八耻"社会主义荣辱观，"要求全党党员和干部要廉洁奉公，反对奢侈浪费。

具体来讲，为促进行政人员能够做到廉洁奉公，近年来，我国相

---

① 蒋云根：《略论行政责任的培育机制》，《社会科学》2003 年第 6 期。
② 《邓小平文选》（1975—1982 年），人民出版社 1983 年版，第 188—191 页。
③ 王伟：《行政伦理概述》，人民出版社 2001 年版，第 83 页。
④ 《教育部关于认真学习贯彻朱镕基总理在国务院第五次全体会议上重要讲话的通知》，《教育部政报》2000 年第 4 期。

继出台了《党政领导干部选拔任用工作暂行条例》《中国共产党纪律处分条例》《干部财产申报制度》《监督法》《行政监察法》等。以《党政领导干部选拔任用工作暂行条例》为例，其第六条规定，选拔任用的党政干部要具备的条件之一就是要清正廉洁、艰苦朴素。这对于加强党政干部廉洁奉公的职业伦理具有重要作用。

2. 勤政

勤政的职业伦理，就是要求行政人员树立勤于公务、不懒政庸政的工作价值观和工作作风。我国勤政职业伦理的建设，不仅仅在总体上要求行政人员遵守纪律，严于律己，塑造积极主动的工作态度，勇于承担工作重任，而且在细节上要求行政人员培育勤政的职业伦理。

当前，我国对行政人员的勤政建设主要集中在以下几个方面：一是制度约束。也就是说，通过制定、实施相关的制度以保证行政人员做到勤政。例如，为促进行政人员能够有效做到勤政，有些地方政府制定了勤政"四必须"①，防止行政人员懒政。二是注重社会监督。社会监督主要包括媒体监督、公众监督等。为使行政人员更好地勤政，我国政府通常采取社会监督的形式。例如，通过媒体，对在工作时间拖拉办事、办理私事的行政人员进行曝光，以起到警示作用。

三 行政制度建设

行政制度作为国家制度的重要组成部分和重要内容，它根植并产生于一个国家的传统文化、传统行政价值观中。行政制度具有鲜明的时代性、阶级性，是对一个国家政治体制及行政管理体制的深刻反映。行政制度的内容、功能、形式等不仅仅对一国内部产生重要的精神导引和规范效用，而且对国际社会同样会产生重要影响。因此，可以认为行政制度建设状况，对一个国家行政软实力的发展起到重要作用。我国在建设具有中国特色的社会主义国家进程中，其行政制度也具有中国特色，从总体上分析，我国行政制度的建设内容主要指的是

---

① "四必须"指的是：必须忠于职守，提高办事效率，实行办事承诺制；必须不折不扣地完成各项工作任务；对待来信来访，必须在短期内做到事事有着落，件件有回音；必须严格工作纪律。来源于 http：//www.guazhou.gov.cn/gzhgtzyw/nbzhd/lzh.htm。

公务员制度、行政决策制度、行政执行制度和行政监督制度。

（一）公务员制度建设

公务员制度是我国干部人事制度的重要内容，也是加强和完善对公务员进行管理的重要制度保障。我国公务员制度建立于 1993 年，当时颁布的是《国家公务员暂行条例》，到了 2005 年，《中华人民共和国公务员法》正式颁布，这标志着我国公务员制度建设走上了法治化的道路。

总体上讲，我国公务员制度的主要内容包括：公务员的条件、权利和义务；公务员的职务与级别；公务员的录用与考核；职务的任免和升降；奖惩；培训；交流和回避、工资福利保险；辞职辞退；退休；申诉控告；职位聘任；法律责任等。在此，重点分析公务员考录制度、职位分类制度及考核制度。

1. 考录制度

目前，我国公务员考录制度建设相对比较完善。我国公务员考录制度体现两个特点：一是选人上注重德才兼备；二是考核方式采取笔试与面试相结合。在招录原则上，坚持公开原则、平等原则、竞争原则等。在进行考录的过程中，其流程也比较规范，发布招考简章、资格审查、笔试、面试、体检、政审等环节是各级公务员考录必经环节。同时，在整个招录过程中，加大了纪检监察对招录过程的监督力度。

2. 职位分类制度

根据《国家公务员法》的规定，公务员职位类别按照公务员职位的性质、特点和管理需要，划分为综合管理类、专业技术类和行政执法类等类别。具体来讲，我国公务员职位分类坚持职位分类与品位分类相结合、以职位分类为主的方式。也就是说，对不适合进行职位分类的公务员实行品位分类。需要说明的是，品位分类所占的比值往往很低。

职位分类制度主要由职位分类结构体系和职位分类评价体系构成。职位分类结构体系由职务、职级、职位、职系等构成。职位分类评价体系是职位分类制度的核心内容之一，它是建立职位分类纵向结构的依据，原职位分类方案在职位评价体系的确立上，充分体现了"以事为中心，兼顾人的因素"的原则。① 职位分类范围在目前大致为：一是政务类公务员以及国务院各部门副部长职位，不实行职位分类；二是中央机关中，国防部、公安部、安全部、外交部、国务院参事室、国务院宗教事务管理局等实行品位分类，其他各部、委、厅、局、办、署、行，一般实行职位分类；三是在实行职位分类的部门中，低层次的办事员职位及工作不易量化的机关党委、纪检、工会、妇联和共青团等有关职位实行品位分类。②

3. 考核制度

目前，我国公务员考核制度主要依据《公务员法》《党政干部考核规定》等法律、规章及规范性文件组成。公务员考核内容包括德、能、勤、绩、廉等方面，考核的重点是工作实绩。也就是说，我国公务员考核的重点是能、勤、绩三个方面。在考核方式上，采取平时考核和定期考核相结合，定期考核以平时考核为基础，例如《公务员法》第三十五条规定，对非领导成员公务员的定期考核采取年度考核的方式，先由个人按照职位职责和有关要求进行总结，主管领导在听取群众意见后，提出考核等次建议，由本机关负责人或者授权的考核委员会确定考核等次；对领导成员的定期考核，由主管机关按照有关规定办理。《公务员法》第三十五条规定中所指的"有关规定"，指的是根据《党政干部考核规定》对领导成员公务员的考核则采取届中、届末或者两年、三年一次的定期考核。在考核结果上，分为优秀、称职、基本称职、不称职四个等次。

（二）行政决策制度建设

我国的行政决策制度主要由行政首长负责制、行政决策信息公开制度、行政决策专家咨询制度、行政决策论证评估制度及分管领导制度等组成。

1. 行政首长负责制

行政首长负责制是指国家特定的行政机关首长在所属行政机关中

---

① 陈亮、解南：《试析我国公务员职位分类制度》，《长沙大学学报》2009 年第 1 期。
② 同上。

处于核心地位，在本机关依法行使行政职权时享有最高决定权，并对该职权行使后果向代表机关负个人责任的行政领导制度。① 行政首长负责制决定了行政机关的行政首长具有最高决定权，并对所作出的决定承担后果和责任。也就是说，行政首长负责制决定了行政首长承担政治责任、行政责任和法律责任等。

我国行政首长负责制经历了一个发展演变过程。1949 年新中国成立以后，根据《共同纲领》的规定，实行委员会制的集体领导制。根据 1954 年的宪法规定，基本上采取的是委员会制和首长负责制相结合的制度。② 由于委员会制下的集体领导制容易导致无人负责和决策效率低下等问题，1982 年的宪法对我国行政决策领导体制做了重大调整，并规定："国务院之间行总理负责制；各部、各委员会实行部长、主任负责制；地方各级人民政府实行省长、市长、县长、区长、乡长、镇长负责制；民族区域自治地方的行政机关也同样实行首长负责制。"③

行政首长负责制是民主集中制在我国行政实践中创造性地运用。行政首长负责制在民主的基础上集中，在集体进行决策时最终由行政首长作决定。行政首长负责制提高了行政决策的效率，使行政责任明确化，最大限度地避免了"多头决策""有权无责"的问题。行政首长负责制这种优势，无疑对提高政府决策科学化、民主化水平起到重要促进作用。但是，需要注意的是，行政首长负责制由于赋予行政首长最终的决定权，这就需要在行政首长负责制建设过程中克服行政首长专断独行、越权、滥权等行为的出现，使行政首长负责制更趋完善。

2. 行政决策信息公开制度

行政决策信息公开，是行政决策民主化、科学化的重要保证④，

---

① 黄贤宏：《论完善行政首长负责制》，《中国法学》1999 年第 3 期。

② 谢庆奎、燕继荣等：《中国政府体制分析》，中国广播电视出版社 1995 年版，第 210 页。

③ 田兆阳：《论行政首长负责制与权力制约机制》，《政治学研究》1999 年第 2 期。

④ 康明已、张丽：《行政决策制度的结构与决策途径科学化》，《武汉船舶职业技术学院学报》2008 年第 4 期。

也是我国民主化进程的必然要求。行政决策信息公开，是为了便于公众了解政府决策内容，更好地保障公众参与政府公共事务的管理。我国行政决策信息公开制度"以公开为原则、以不公开为例外"，对政府信息公开的范围、方式和程序、监督和保障等都做出了具体规定。①在此，仅以信息公开的范围和方式为例进行分析。

在公开的范围上，除涉及国家秘密、商业秘密、个人隐私的政府信息不得公开外，中央与地方对允许公开的内容所做的规定是有区别的。在中央层面，根据《中华人民共和国政府信息公开条例》，属于信息公开范围的主要有：涉及公民、法人或者其他组织切身利益的；需要社会公众广泛知晓或者参与的；反映本行政机关机构设置、职能、办事程序等情况的；其他依照法律、法规和国家有关规定应当主动公开的。但是，对于地方而言，各地对信息公开的范围所做的规定并不完全一样。例如，上海市根据《上海市政府信息公开规定》，政府要主动公开与公众生活密切相关的事项，公开政府的发展计划、人事任免等。广州市信息公开的范围则包括：本行政区域的社会经济发展战略、发展计划、工作目标及完成情况；事关全局的重大决策；规章、规范性文件及其他政策措施；政府的机构设置、职能和设定依据；政府行政审批项目；当地重大突发事件的处理情况；承诺办理的事项及其完成情况。②

公开方式指的是行政决策信息公开所采取的手段。当前我国行政决策信息公开的方式主要是通过政府公报、政府信息专刊或者利用报刊、广播、电视等其他媒体发布政府信息；在政府机关主要办公地点等地设立的公共查阅室、资料索取点、政府信息公告栏、电子屏幕等场所或者设施；召开新闻发布会；设立政府信息公开服务热线等。③

3. 行政决策专家咨询制度

专家咨询是为了使政府决策过程能够吸取专家的建议和意见，以

① 吕虹：《政府决策制度体系研究》，吉林大学，博士学位论文，2007 年。

② 《广州市政府信息公开规定》，来源于 http://www.gzonline.gov.cn/eap/482.news.detail?news_id=1504。

③ 康明已、张丽：《行政决策制度的结构与决策途径科学化》，《武汉船舶职业技术学院学报》2008 年第 4 期。

实现决策的科学化。目前，我国已经成立了相关的行政决策专家咨询机构，主要包括以下几个类型：一是政府内设的研究咨询机构。包括政策研究室、经济研究中心、发展研究中心和信息中心等；二是专家咨询委员会或顾问委员会；三是专业型研究咨询机构。这主要是各级科学院、社会科学院等各种研究咨询机构；四是民间或半民间的咨询组织。① 在咨询方式上，主要是直接参与政府行政决策和承担政府决策相关课题。专家直接参与政府行政决策，就是参与政府决策的讨论、向政府提出建议和意见等。承担政府决策相关课题，主要是通过对政府决策内容进行调研论证，为政府决策提供参考。

4. 行政决策论证评估制度

行政决策论证评估是为了对政府行政决策进行检验和评估，总结其成功的经验，纠正失误和不足。根据《国务院工作规则》规定，"各部门提请国务院讨论决定的重大决策建议，必须以基础性、战略性研究或发展规划为依据，经过专家或研究、咨询、中介机构的论证评估或法律分析"②，为我国进行行政决策论证评估提供了依据。当前，我国行政决策论证评估主要包括：可行性论证和不可行性论证；政府部门论证评估、专家论证评估和公众论证评估；内部论证评估和外部论证评估；正式论证评估和非正式论证评估；合法性论证评估和不合法性论证评估；自主论证评估和委托论证评估等。③

5. 分管领导制度

分管领导制度，是指除去行政正职领导外，同时设置的若干名行政副职分管不同事务的制度。例如，国务院设总理一名，副总理若干名，国务委员若干人；国务院各部委及直属机构分别设置部长、委员会主任及局长各一名，副部长、委员会副主任及副局长若干名；地方各级政府除了行政"一把手"外，均设置了若干名行政副职协助行政"一把手"开展工作。

---

① 吕虹：《政府决策制度体系研究》，吉林大学，博士学位论文，2007 年。

② 《人民日报》2005 年 2 月 21 日第 1 版。

③ 吕虹：《政府决策制度体系研究》，吉林大学，博士学位论文，2007 年。

分管领导制度使各副职领导分口管理政府事务，既有利于更好地协助行政首长解决问题，又能使各分管领导在分口管理的领域内对其业务进行有效指导，提高政府管理的水平。同时，分管领导制度也适应了理顺政府职能、合理划分职能权限的要求。因为在现代行政管理过程中，行政首长由于受到时间、精力等限制，不可能一个人总揽一切，这就需要设置行政副职分担一些行政事务，协助行政首长进行管理，从而使政府职能配置更加顺畅，权限划分更加合理。

（三）行政执行制度建设

行政机关作出行政决策以后，需要通过行政执行将行政决策予以实施。目前，我国行政执行制度主要由行政执行主体和行政执行流程两部分组成。

1. 行政执行主体

行政执行主体是行政执行制度中最为基本的组成要素，其承载着对行政制度付诸执行的任务。可以说，没有行政执行主体，就没有行政执行。目前，我国行政执行主体主要指的是行政机关及其工作人员，同时还包括法律法规规定和行政机关授权其行使行政职能的事业单位及工作人员。

2. 行政执行流程

行政执行流程是指为促成政令得到有效贯彻实施而采取的步骤、方法等，其由信息传递、组织实施、执行监控、执行考核等组成。

（1）信息传递。信息传递是行政执行流程的首要环节，是指上级将执行任务、执行内容向下级传达。我国行政执行的信息传递采取的主要手段为口头传递、书面传递。信息的口头传递一般仅限于简单、不是十分重要的行政执行。信息的书面传递往往以政府正式发文的形式向下级告知执行内容，这种情况的信息传递一般都涉及重要的行政执行。

（2）组织实施。要保证行政执行的顺利进行，需要行政组织制订详细的执行计划并提供行政执行所需要的物质条件。当前，我国行政执行计划的制定由总体计划和具体计划组成。总体计划一般是比较宏观的行政执行规划，多数具有指导意义；而具体计划则是对行政执行细则、要求等的详细规定。行政执行所需要的物质条件指的是人力、物力和财力等，这些是行政执行的物质保障。

（3）执行监控。行政执行监控的主要目的是促使行政执行的顺利进行和及时发现并纠正执行过程中出现的偏差。目前，我国进行行政执行监控主要依靠法律监控和上级对下级的监控。法律监控依据相关的法律法规保障行政执行，如《行政监察法》《监督法》。上级对下级的监控，主要采取上级部门监督下级部门、纪检监察机关监督行政执行部门等，以保证行政执行顺利进行。

（4）执行考核。行政执行考核是对行政执行过程、执行结果的考核。我国对行政执行的考核采取的方式主要是绩效考核。具体来讲，行政执行的绩效考核指标为实施程度、执行手段、执行效果等。所谓实施程度的考核，是对行政执行所完成的任务、内容等的考核；执行手段的考核侧重行政执行所采取的工具、方式等的考核；执行效果的考核是对行政执行产生的影响的评估。

（四）行政监督制度建设

行政监督制度对规范行政权力以及制约行政主体行政行为起到重要作用。新中国成立 60 多年以来，我国在行政监督制度的建设上不断完善，取得了行政监督制度的巨大进步。行政监督制度是各监督主体对国家行政机关机构设置、权力运行，以及对其工作人员行政行为等实施监督的一项行政制度。目前，我国行政监督制度建设主要体现为以下几点。

1. 党内监督

党内监督，指的是党通过自己的纪律、制度等对党员干部实施监督和管理。党内监督在行政监督中发挥着重要作用。由于行政机关的成员绝大多数都由党员组成，因此党内监督主要通过各级党组织、纪检监察机关和党员实行监督。各级党组织以党的政策、国家法律、政府规章等为依据监督行政机关或行政部门权力运行情况、机构设置情况；纪检监察机关则是对行政机关的领导及行政人员有无违反党纪，有无腐败行为进行监督；党员依据党章和党的纪律监督在行政机关担任领导职务的党员或是从事一般工作的党员。党一直以来都是十分重视党内监督，尤其重视对党员干部的监督。

1957年4月8日，邓小平在《共产党要接受监督》中指出："我们党是执政党，威信很高。我们大量的干部居于领导地位。在中国来说，谁有资格犯大错误？就是中国共产党。犯了错误影响也最大。因此，我们党应该特别警惕。宪法上规定了党的领导，党要领导得好，就要不断地克服主观主义、官僚主义、宗派主义，就要受监督，就要扩大党和国家的民主生活。如果我们不受监督，不注意扩大党和国家的民主生活，就一定要脱离群众，犯大错误。"① 邓小平进一步指出，监督来自三个方面，即党的监督、群众监督及民主党派和无党派人士的监督。

为防止党作为执政党可能会出现干部腐化、伦理丧失等问题，刘少奇同志在《关于执政党建设的几个问题》的重要报告中提出了要加强民主集中制，完善党对政府的领导方式以及防止领导人特殊化。加强民主集中制，要求党要做好民主与集中的关系，要积极吸收民主党派的意见和接受民主党派的监督；完善党对政府的领导方式，要求要做好分工，建立业务机构，加强党对干部、思想、政治工作的管理，同时党委要加强对政府的监督；防止领导人特殊化，要求肃清官僚主义、脱离群众搞特殊的思想，加强党对干部的监督。

2010年颁布修改后的《关于实行党风廉政建设责任制的规定》，是加强党内监督的又一个重要举措。该规定在责任追究方面做出了明确的规定，例如第十九条规定对"违反规定选拔任用干部，或者用人失察、失误造成恶劣影响的"和"放任、包庇、纵容下属人员违反财政、金融、税务、审计、统计等法律法规，弄虚作假的"②，均要追究相关领导干部的责任。另外，该规定还对在职责范围内发生的问题进行掩盖、祖护的以及干扰、阻碍责任追究调查处理的行为采取从重追究责任的处理方式。这些措施对加强党内监督、及时有效追究问题行政人员的责任具有重要作用。

---

① 《邓小平文选》（第一卷），人民出版社1994年版，第270页。
② 来源于http://www.gov.cn/jrzg/2010-12/15/content_1766505.htm。

2. 行政机关内部监督

行政机关内部监督指的是行政系统内部的监督。行政机关内部监督在当前我国行政监督制度体系中分为一般监督、业务监督和专门监督。

一般监督在目前主要指的是上级行政机关对下级行政机关以及下级行政机关对上级行政机关实施的监督。也就是说，一般监督表现为"自上而下"的监督和"自下而上"的监督。"自上而下"的监督主要体现为国务院对其所属各部委、局、办等的监督，以及国务院对地方政府实施的监督等；地方政府对其所属的市、州、县、乡以及厅、局等实施的监督等。"自下而上"监督主要体现为下级行政机关对上级行政机关工作作风、工作能力的监督等。

业务监督包括上级业务部门对下级业务部门的监督、同级各业务部门之间的监督等。前者如国务院各部委和直属机构对地方人民政府相应的工作部门，上级地方人民政府工作部门对下级地方政府相应的工作部门以及国务院各部委和地方各级人民政府工作部门对其所属的企事业单位进行的监督；后者如财政部可以就其所主管的国家财政收支，对各部委、各地区实施的监督；统计、税收、审计等部门对其他同级或下级部门的监督。①

专门监督指的是在行政系统内部设置专门的监督机构对行政机关及其行政人员实施的监督。我国行政系统内的专门监督机构是具有监察权的监察部门。监察部门对行政人员的行政行为、生活作风等实施监督，对违反党纪的行政人员依照党章进行处理，对违反国家法律构成犯罪的行政人员将其移送司法机关。监察部门的监督在行政系统内部发挥着重要作用。

另外，审计监督在行政内部监督也具有重要作用。审计监督是一种具有独立性的经济监督活动，它是由独立的审计机构和专业人员，根据国家法律、法规以及财经制度，按照一定程序和方法，对被审计

① 庞京城：《论行政监督》，《海南大学学报》（社会科学版）1994 年第 2 期。

单位的经济活动、财政收支进行检查、审核。① 审计监督主要是对行政机关以及相关行政领导进行经济方面的审查和监督，以防微杜渐，及时发现经济问题，并提请相关部门进行处理。

3. 立法机关监督

立法机关监督，指的是立法机关通过制定相关的法律法规以规范行政人员的行政行为，并依据法律法规撤免或惩戒违法、失职的行政人员。为有效对行政人员实施监督，我国立法机关先后出台了相关的法律法规，其中比较有代表性的是《中华人民共和国各级人民代表大会常务委员会监督法》。例如，该法规定，"各级人民代表大会常务委员会每年选择若干关系改革发展稳定大局和群众切身利益、社会普遍关注的重大问题，有计划地安排听取和审议本级人民政府、人民法院和人民检察院的专项工作报告"②，"国务院应当在每年六月，将上一年度的中央决算草案提请全国人民代表大会常务委员会审查和批准；县级以上地方各级人民政府应当在每年六月至九月期间，将上一年度的本级决算草案提请本级人民代表大会常务委员会审查和批准"。③ 这些规定对政府实施监督起到重要作用，并成为监督政府行政行为的重要法律依据。

4. 舆论监督

舆论监督，主要是通过新闻媒体进行监督，具体监督方式表现为网络、报纸、杂志、影视、广播等。也就是说，舆论监督是运用新闻传媒改善社会政治生活质量，特别是监督、改进和提高政府与执政党的公共行政水平的政治性活动。④ 舆论监督在我国行政监督中发挥越来越重要的作用。例如，新闻媒体通过新闻曝光的方式，将违法违纪行政人员的行为向社会进行曝光，以引起行政部门的重视和公众的关注。舆论监督的这种方式往往能够促使行政机关比较及时地发现问

---

① 庞京城：《论行政监督》，《海南大学学报》（社会科学版）1994 年第 2 期。

② 《中华人民共和国各级人民代表大会常务委员会监督法》，《中国财经审计法规公报》2006 年第 20 期。

③ 同上。

④ 同上。

题，以处理违法乱纪的行政人员。

5. 公众监督

所谓公众监督，在此特指社会民众对公共权力主体、公共权力运行的监督。① 公众监督是我国监督体系中一支重要的力量。目前，我国公众监督的方式主要有信访监督、网络监督等。

信访监督是公众对政府及其行政人员实施监督的一种重要形式。公众进行信访监督主要内容包括对行政人员作风问题、廉洁自律问题、违法违纪问题等实行监督。公众通过信访，向上级行政机关反映行政人员作风问题，主要指的是思想作风、生活作风以及工作作风等。反映廉洁自律问题主要包括：构不成立案查处的廉洁自律方面的问题和违反规定乱集资、乱摊派、乱收费、乱罚款，不能公正执行公务等问题；一般的公款旅游，挥霍浪费，多占住房，利用职权为配偶子女谋私利等问题。② 反映的违法违纪问题主要包括受贿索贿、以权谋私、侵占国家资金和财产等。

网络监督是公众以互联网为平台，对行政人员违法、违纪等行为的监督。对公众而言，网络监督具有便捷性、自发性的特征。这种特征降低了公众监督的成本和受限性，能提高公众对行政人员监督的积极性，也能提高监督效果。近年来，公众通过网络监督使部分行政人员因违法、违纪而相继受到法律制裁和党纪处分。例如，女市长公车撞死女童一案，公众经过网络曝光，使女市长受到免职处理；"最无耻区委书记"触犯《婚姻法》，有多名妻子，被公众网络揭发后，得到法律的严肃制裁；还有湖南某市多名干部开会打瞌睡，被公众在网络上曝光后，受到免除党内和行政职务的处理。可以认为，网络监督已经成为公众监督的一种有效手段。

---

① 那述宇：《反腐成效的决定性要件：勤政机制和公众监督》，《政治与法律》2009年第2期。

② 徐喜林：《论信访监督》，《河南社会科学》2009年第4期。

第二节 行政软实力建设存在的问题

一 缺乏整体性

缺乏整体性指的是我国行政软实力建设相对来说比较零散和杂乱，没有一个完整的建设框架，多数表现为局部和部分的行政软实力建设。而且，局部和部分的行政软实力建设往往是侧重某个方面甚至是某个方面的一个点。例如，在进行行政软实力建设时，有时侧重对行政文化的建设，有时侧重对行政伦理或行政制度的建设；有时只侧重行政文化、行政伦理或者行政制度中的一个点进行建设，如只侧重行政价值观的建设，或者只侧重职业伦理的建设等。这种"散沙状"的建设使行政软实力的建设没有在一个完整的体系框架内进行，而是需要什么就建设什么。这使行政软实力建设的各要素之间缺乏一种内在的逻辑性和关联性，导致在整体上难以产生具有积极效果的行政软实力。

二 目标不明确

我国政府行政软实力建设的目标并不明确，这主要体现在国际和国内两个维度上。在国际维度上，我国政府并没有明确行政软实力建设的目标，导致国际社会并不知晓中国政府行政软实力是什么、怎么建，甚至导致一些国家的误解。在国内维度上，我国政府也同样没有具体明确的建设政府行政软实力的目标，这导致国内并没有太多人了解、认知政府建设的行政软实力包括什么内容，建设行政软实力要达到什么样的目标等。

行政软实力建设的目标不明确，除在国际和国内两个维度产生了模糊感，对我国目前建设行政软实力的手段、内容等都产生不良影响。由于缺乏明确的目标，使我国在建设行政软实力过程中采取何种方式、何种手段、何种工具，行政软实力建设的具体内容究竟应该包含哪些方面等，都难以选择。

三　行政文化建设问题突出

行政文化的建设主要集中在行政价值观、行政意识及行政心理三个方面。虽然我国部分地区在整体上建设情况比较良好，但是行政文化的建设仍然存在问题，而且这些问题比较突出。

（一）"官本位"行政文化依然存在

"官本位"是在封建社会形成的一种行政文化，它使社会的评价标准集中在官职的大小、官位的重要程度上。所谓"官本位"，就是以官为本，以官为尊，以官为贵，一切为了当官，把是否为官、官的大小作为基本的价值尺度来衡量一个人的成就、身份、地位。①"官本位"行政文化的存在对我国行政软实力的建设造成了严重的负面影响：

1. "官本位"造成官职设置过多

由于一切向官位、官职看齐，"官本位"导致官职设置过多，形成一个单位"将多兵少"的局面。例如，广东佛山一个市辖区的某局就配置了两名常务副局长和十多名副局长。这就是典型的"官本位"造成的恶性结果。"官本位"设置过多的官职，并不能带来政府影响力的扩大，它导致的直接结果就是行政效率低下、机构臃肿、人浮于事。这也容易引起社会和公众对政府的不满情绪。

2. "官本位"导致行政人员脱离群众和下级

"官本位"行政文化使行政人员的提拔任用完全由上级来决定，这就使行政人员"唯上不唯下"。"唯上"就是下级唯上级马首是瞻，一切唯上级是从，希望通过上级来提拔晋升；"不唯下"就是行政人员脱离群众，脱离下属。脱离群众，表现在听不进群众意见，不愿接触群众了解民情。行政人员脱离群众的行为，只会增加官民矛盾。脱离下属，表现为行政人员个人高高在上，不与下属沟通交流。脱离下属导致的结果就是丧失下属的信任和支持。

3. "官本位"导致形式主义

由于"官本位"思想导致事事都是以"官"为出发点，这就使

---

① 郑焱明：《论"官本位"意识的根源、危害及治理对策》，《江西社会科学》2003年第5期。

行政人员在考虑问题、做出决策时，首先不是从广大人民群众的根本利益为出发点，也不是从一个单位、一个部门的长远利益和整体利益出发，而是从能否保住自己的官位，能否给自己带来政绩出发。这种思维导致的直接结果就是形式主义。具体表现就是喜欢讲空话、讲套话，喜欢做表面文章、喊口号，喜欢"形象工程""面子工程"等。形式主义使行政人员为官浮躁，损害政府及其行政人员的整体形象，使政府不良形象在社会扩散，制约政府积极面的导引力和规范效应，阻碍政府行政软实力的建设。

4. "官本位"导致政府服务效率低下

"官本位"思想的存在导致行政人员追求的只是官位的高低、权势的大小，一切围绕着升官、提拔，而失去了工作的积极性和主动性。换言之，"官本位"使行政人员失去了为民服务的精神和动力，不愿意踏实工作，也不愿意为公众提供服务，对公众的诉求漠不关心甚至是置之不理，其导致的直接后果就是政府服务效率的低下。

（二）行政价值观的培育不完善

目前，在我国行政文化的建设过程中，行政价值观的培育并不完善，其存在的问题包括为官信仰、参与价值观、责任价值观、服务价值观等方面。具体表现为：一是为官信仰存在问题。当前仍有部分行政人员为官信仰的价值取向趋于"利己化"。换言之，部分行政人员为官信仰不是为了维护公共利益、为民服务，而是以权谋私、为己谋利。例如，"有权不用，过期作废""廉洁奉公吃亏，以权谋私者得利"等不良为官取向依然存在。二是参与价值观较弱。部分行政人员缺乏允许、动员公众参与政府决策的价值观，忽视公众、拒绝接受公众意见，否认公众参与政府决策的能力。三是责任价值观不强。责任价值观不强表现在部分行政人员存在只愿拥有权力、享受权力，而不愿意主动承担责任，遇到问题相互推诿、相互逃避的不良价值倾向。四是服务价值观淡薄。树立服务精神，实践服务要求，是政府服务的重要内容。但是，对一些行政人员而言，服务精神和服务价值观匮乏，导致服务效率低下。

行政价值观培育的不完善，导致行政人员行政价值观模糊、缺乏高尚的精神追求和行政文化追求。它使行政人员的价值理念仍然停留在为官就是讨好上级、应对下级和社会公众的不良情境之中。行政价值观的不良表现对行政人员行政行为造成的不良影响，使政府及其行政人员的形象大打折扣，对政府行政软实力的建设造成了消极影响。

（三）行政意识有待于进一步提高

行政意识在行政实践当中主要体现为行政观念和行政思想两个方面。就行政观念的培养而言，虽然大部分行政人员认可需要完善法律法规，加快行政管理体制改革才能更好地培养行政人员的行政观念①，但是这也仅仅停留在个人认识的层面，缺乏将其落实在行政过程中的具体行动。具体而言，行政人员行政观念存在的问题表现在依法行政观念淡薄、服务观念不强等方面。依法行政观念淡薄体现在行使行政权力法律意识淡薄，不能够有效做到依法行政。服务观念不强，体现在缺乏服务意识，对待公众的态度仍然处于"官"与"民"的角度。就行政思想而言，其存在的问题主要有：一是民主的行政思想不强。首先表现在部分行政人员进行决策时我行我素、独断专行；其次表现在部分行政人员缺乏公众参与的行政思想，不愿意或者不允许公众参与到政府决策当中。二是法治的行政思想并未得到充分的实现。法治与人治相对应，法治的行政思想不能充分实现，源于人治的行政思想的桎梏，其表现在忽视法律、以言代法，行政决策和行政执行随心所欲、违背法律规定的程序等。这些问题的存在，将会阻碍我国政府民主、法治等行政思想的建设和传播，也不利于我国政府行政软实力的建设。

（四）行政心理有待于进一步改善

行政心理所存在的问题，表现在两个方面：一是行政动机存在问题。行政人员在执行公务时，虽已经将责任心和使命感内化于心，并以此尽其最大努力执行公务，但是仍然存在一些问题，例如部分行政人员的行政动机趋向个人主义，将显示个人能力作为行政动机。这并不是正确的行政动机，其会导致部分行政人员过度强调个人而忽视集

---

① 参见本书"行政软实力建设现状"部分的表3-5。

体合作。另外，也有部分行政人员的行政动机是为了获得领导赏识，这种行政动机无疑会导致行政人员"唯上不唯下"、脱离群众。二是行政态度存在问题。行政态度所存在的问题主要表现为部分行政人员在对待荣誉与名声、权力与地位、待遇三个问题时的看法。也就是说，部分行政人员在职业生涯中的行政态度最为看重的是能否给自己带来荣誉与名声，带来权力的增大和社会地位的提升，带来丰厚的待遇。爱惜个人声誉，希望得到满意待遇，对行政人员而言无可厚非，但是若片面去追求荣誉与名声、权力与地位、待遇，将是一种不良的行政态度。这种不良的行政态度会直接破坏行政人员为民服务的精神，使其只顾追求个人利益的实现。这不仅损害政府及行政人员的形象，而且也阻碍了政府行政软实力的提升。

四 行政伦理残缺异化

行政软实力的行政伦理建设是对行政人员道德品质、为官准则、个人修养等方面的培育和塑造。行政伦理建设是从"人"的角度来建设行政软实力，它对行政软实力的建设具有重要意义。虽然我国比较重视对行政人员行政伦理的建设，但是目前我国的行政伦理建设依然存在残缺异化的问题，制约了行政软实力的建设。

（一）个人伦理

个人伦理存在的问题体现在行政道德失范和行政人格异化两个方面。由于行政人员个人非理性的思维和意识冲破了现有的约束机制，使行政道德失范问题在目前仍然突出。行政人格的异化在个人伦理中所折射出来的是行政人格公共性的丧失，取而代之的是依附性的行政人格。

1. 行政道德失范

（1）行政责任缺失。行政责任缺失是行政道德失范的一个明显表现形式，也是当前我国行政软实力建设过程中一个比较突出的问题。行政责任缺失的表现有：一是行政责任意识淡薄。行政责任意识淡薄指的是行政人员在主观意识中缺乏对行政责任重要性的认识。例如，部分行政人员在工作中玩忽职守，或者在工作中处理个人私事等。二是逃避行政责任。部分行政人员只顾享受权力、运用权力，而不愿去承担权力使用不当所应负的责任。这个现象在我国仍然存在。例如，发生重大交通事故或者是煤矿事故等，相关责任行政人员相互推诿责任。

（2）道德选择紊乱。由于受到不良价值取向的影响，导致部分行政人员道德选择紊乱。道德选择紊乱表现在：一是权力"寻租"。部分行政人员运用手中的权力，向企业和个人索取贿赂或者其他好处。二是贪污腐化。部分行政人员道德沦丧，侵蚀国家财产，生活作风腐化。三是卖官鬻爵。部分行政人员通过手中的人事权力，在提拔干部时对官职官位明码标价。以上所分析的道德选择紊乱，是部分行政人员行政道德严重失范的具体表现。行政人员道德选择紊乱，既在行政内部形成一种不良风气，又对行政外部造成恶劣影响。它严重破坏了行政人员的整体行政伦理，降低了政府行政软实力建设水平。

2. 行政人格异化

作为行政人员应该具有公共性的行政人格，也就是说行政人员的行政人格要建立在公共利益的基础之上，要以服务公众的价值追求来塑造行政人格。然而，现实情况是我国部分行政人员的行政人格发生了异化，其突出表现在公共性行政人格异化为依附性行政人格。所谓依附性行政人格，指的是部分行政人员的行政人格建立在对上级领导人身依附的基础之上。依附性行政人格导致行政人员行为的出发点来自于上级的态度、上级的决定，而并非从公共性、责任心的角度为出发点。依附性行政人格导致部分行政人员严重脱离群众，引起官民关系的紧张。

（二）职业伦理

行政职业伦理建设的问题主要表现在"主仆关系"的严重颠倒和传统行政文化所带来的不良行政惯性两个方面。

首先是"主仆关系"严重颠倒。党历届领导班子和领导人都十分重视为人民服务，并始终将人民视为国家的主人，始终认为一切权力属于人民，国家公职人员是人民的仆人，是为人民群众服务的。但是在现实的行政实践中，却经常发生变形和走样，其具体表现是：一是高高在上，与群众保持距离。高高在上的行政人员，可以说害怕与群

众接触、不愿与群众接触，但却是自以为是、作威作福。二是为自己
服务。全心全意为人民服务的宗旨精神已经被部分行政人员抛之脑
后，取而代之的是运用人民群众赋予的权力为自己服务，为自己谋私
利。对于人民群众所遭遇的困难和承受的痛苦，漠不关心。三是享受
"特权"。享受"特权"是一部分行政人员所极力追求的。因为"特
权"能够给这些行政人员带来荣耀感和满足感。行政人员的"特权"
意识和行为，是一种严重的"主仆倒置"现象，它严重损害了政府
形象。

其次是传统文化中不良因素的影响，尤其是我国封建职业伦理所
带来的不良的行政惯性。封建职业伦理产生在等级森严的农业社会，
其职业伦理思想是恪守"五伦"，特别是君臣之礼、父子之伦的臣民
或子民伦理道德规范。① 这明显反映出一种严格的等级身份制。它产
生的直接后果就是下级不得逾越上级，下级必须俯首听命于上级，对
上级的错误决策或者行政行为不敢指出。同时，这种严格的等级身份
制也造成了行政人员对民众的轻视，认为"官贵民轻"。封建职业伦
理的存在，严重阻碍了行政人员维护公共利益、为民服务的职业精神
的培养，制约了行政软实力的建设。它的存在使行政人员缺乏契约伦
理精神，只注重官位带来的权力享受，只愿意对上级负责，而不去承
担行政责任，也不对公众负责。这导致了行政软实力在职业伦理方面
建设能力的不足。

五 行政制度建设不完善

目前，我国行政制度的建设取得了巨大的进步，例如公务员招
考、任用、提拔等进一步规范，行政决策的科学化、民主化和法治化
程度进一步得到提高，行政执行进一步规范、行政监督的手段和渠道
进一步拓宽等。这些进步可以说为我国行政软实力的建设"锦上添
花"。但是，我国行政制度的建设仍然有不完善之处，其不完善主要
体现在公务员制度、行政决策制度、行政执行制度和行政监督制度等

---

① 刘可风：《论中国行政伦理问题及其实质》，《武汉大学学报》（人文科学版）2003
年第 3 期。

方面。

（一）公务员制度现存问题

目前我国公务员制度的建设正趋于完善，但是也同样存在不足之处。在此仅以考录制度和考核制度存在的问题为例进行分析。

1. 考录制度

我国对于公务员的招考，实行的是"凡进必考"的硬性规定，为此，我国制定了相对比较完善的公务员考录制度以确保公务员的考录做到公正合理。但是目前公务员考录制度仍存在以下问题：一是考录统一性不足。考录统一性不足指的是地方层面的公务员考录。各地方政府可以自行规定考录时间、决定考录试题，导致各地考录难度不一，时间不一致，从而有失考录的权威性。二是考录方式不科学。当前我国公务员考录方式不科学主要指的是面试环节。面试环节涉及应变能力、综合分析能力、语言表达能力、心理素质等方面，然而面试却是在极短的时间考核这些内容，加上考录机关测试手段并非完全科学合理，导致其很难确保这种考录方式达到科学合理的要求。

2. 考核制度

总体上看，我国公务员考核制度正在逐步完善，考核体系也已经建立。但是在逐步完善的过程中，我国公务员考核制度也存在以下问题：一是考核主体并不全面。目前，我国公务员考核主体主要由部门负责人、人事部门负责人以及公务员代表等构成，但是考核主体仍不全面。其突出表现在上级领导和被考核的公务员所服务的对象并未完全纳入考核主体之中。二是对公务员进行考核的内容过于宏观和粗糙。《公务员法》虽规定要对公务员进行德、能、勤、绩、廉五方面的考核，但是并未制定出详细的考核内容，即使是实施的《考核规定》也只是一个简单的说明。三是考核方法单一。目前，我国对公务员的考核主要依靠个人总结、主管领导评审、考核小组终审来进行。这种考核方法主要依赖弹性较大的定性考核，无法对"能"和"绩"进行量化考核。

（二）行政决策现存问题

1. 行政决策"一言堂"

我国行政决策制度实行的是行政首长负责制，行政首长负责制使行政首长在民主集中制的基础上作出最后的决策。行政首长负责制提高了行政决策效率，节约了行政决策的成本。但是行政首长负责制也容易导致行政首长独断专行，其后果往往引致行政首长"一言堂"。行政决策"一言堂"是对民主决策的背离，破坏了我国行政决策的民主环境，其在我国目前行政决策中仍是一个比较突出的问题。行政决策"一言堂"的具体表现有：一是行政决策时下级看上级的态度。下级不愿或者不敢向上级提出不同意见，一切遵照上级领导的态度来决定对决策事项的看法。二是行政首长独揽决策权力，自行作出决定，不集体讨论。三是虽然进行"文山会海"的讨论，最终将各种意见和建议搁置起来，全凭行政首长个人意志做决定。

2. 行政决策信息公开不全面

自《政府信息公开条例》实施以来，虽然对政府行政决策信息公开的内容、程序、范围等做出了一系列的规定，但是行政决策信息公开仍然存在着一些问题。其表现为：一是公开的过程和内容有限。《政府信息公开条例》虽对乡级以上人民政府信息公开的范围和内容作出了规定，但是各级政府多以《保密法》的相关规定为缘由，在信息公开时"结果公开多，过程公开少；原则方面公开多，具体内容公开少"。① 二是公开多流于形式。多数行政决策信息公开的目的是应对上级部门的要求和检查，其导致信息公开缺乏实质性的内容，而形式性的内容居多。这主要表现为信息公开只公开正面信息、只公开常规的信息等。三是公开缺乏配套制度保障。《政府信息公开条例》对公开的程序和方式缺乏硬性的规定，例如"应当"用词的出现，使信息公开的程序和方式陷入"可有可无"的境地。同时，目前我国还没有制定相关的制度对《政府信息公开条例》中过于宏观和过于抽象的要求、用词进行配套的补充说明并做出详细规定，这就导致政府行政决策信息公开具有较大的自由裁量权以及缺乏制度保障的规范性。

3. 行政决策专家咨询不健全

虽然我国已经成立了多种类型的专家咨询机构，使专家学者能够

① 吴根平：《建立我国政府信息公开制度探析》，《南京农业大学学报》（社会科学版）2002 年第 4 期。

参与政府决策，但是行政决策专家咨询仍然存在一些问题，具体表现在：一是专家咨询机构缺乏独立性。[①] 目前，绝大多数专家咨询机构都是政府内设机构或者下属机构，在行政关系上隶属上级部门的领导。这种行政隶属关系使专家在参与政府决策时易受行政领导的干扰，难以有效进行独立的咨询活动。二是缺乏专家参与决策咨询的制度规范。虽然各地政府建立了关于专家决策的《办法》，出台了一些《细则》，但涉及具体程序问题，比如哪些领域的决策向专家咨询、专家队伍的构成要求，采取什么方式咨询、不同的咨询方式是否会带来效果差别，专家咨询在多大程度上影响决策等问题，还缺乏细致的研究和明确的规定。[②] 三是参与决策的专家自身存在不足。参与决策的专家水平参差不齐，对决策问题的认知程度存在差异，提出的建议和意见难以具有实用性等，都会影响参与政府决策的效果。

4. 行政决策风险评估不完善

行政决策风险评估存在的问题表现在：一是风险评估的范围不清晰。目前，虽然将重大决策纳入风险评估的范围，对于"重大"的标准也作出了界定，一般是指"涉及本地区经济社会发展全局、影响面广、与公共利益和人民群众切身利益密切相关的决策"[③]，但是这种界定却过于抽象和笼统。也就是说，何为影响面广、与公共利益密切相关的决策，难以进行有效的把握。这就有可能导致需要进行风险评估的决策被遗漏，不需要进行风险评估的决策却被纳入风险评估。二是风险评估的专业化水平不高。这主要受制于评估专家、评估方法两个方面。当前，参与风险评估的专家由于受到其专业知识的影响，导致对风险评估的认识难以真正达成一致；评估标准以价值判断为主，评估方法以定性分析为主[④]，导致风险评估难以做到量化。三是风险评

---

① 宿玥：《我国行政决策专家咨询系统的现状及完善途径》，《辽宁行政学院学报》2011 年第 1 期。

② 同上。

③ 陈占锋：《加强和完善行政决策风险评估机制建设》，《行政管理改革》2011 年第 9 期。

④ 陈振明：《政策科学——公共政策分析导论》（第二版），中国人民大学出版社 2003 年版，第 333—335 页。

估过于集中于社会稳定风险，对其他风险的评估不足。① 对社会稳定风险的评估过于集中，虽有利于充分把握行政决策对社会稳定性影响，但是对行政决策可能造成的其他风险如经济、环境等的评估的不足，也会产生经济、环境等问题。

5. 行政决策急功近利

急功近利是行政决策中普遍存在的问题，其表现在：一是决策前不进行调查研究，对所需要进行决策的问题认识不清，完全凭借主观经验盲目武断地进行决策。例如，近几年来我国部分地区群体性事件，其中一个原因就是当地政府在处理相关问题时并没有进行深入调查而盲目做出决定，从而引起公众不满，导致群体性事件的发生。二是决策时只看眼前利益，而不去考虑长远利益和整体利益。当前有些地方政府只图眼前短暂的经济效益，而鼠目寸光地作决策。例如，有些地方政府为了本地能在短时间内提高经济效益，不惜以破坏环境效益为代价引进高污染、高耗能的企业。三是决策时明知有些隐性问题的存在，但是却因侥幸心理而冒险进行行政决策。例如，部分地方政府在对本地煤矿企业营业资格的审核过程中，明知存在安全隐患，但是却仍然冒险作出通过审核的决定。这种决策时的侥幸心理，导致的后果就是矿难事故的接连发生。

6. 行政决策公众参与度不高

近年来，我国逐渐开始重视公众参与政府决策。不过在实际执行当中，公众参与决策的程度并不高。尽管我国以听证会、电子政务等方式拓展了公众参与政府决策的渠道，但是并未取得预期效果。听证会的召开在听证代表的选取、听证程序的规范、听证结果的公布等方面，存在很大不足，尤其是在听证代表的选取上，并没有严格按照不同利益群体来选择听证代表，往往更多的是选取对政府决策有利的群体作为听证代表。这使听证不仅流于形式，而且损害了公众充分参与政府决策的权利。电子政务虽然为公众提供了表达意见、参与政府决

---

① 陈占锋：《加强和完善行政决策风险评估机制建设》，《行政管理改革》2011 年第 9 期。

策的机会，但是由于政府的低回应度，导致公众意见并未真正采纳。

（三）行政执行现存问题

1. 政令不通

行政执行中一个突出问题就是政令不通。政令不通就是中央政令在地方得不到有效的贯彻执行、上级政令在下级部门得不到有效的贯彻执行。因此有人认为，政令不通已经成为"中国政治的头号杀手"。① 具体而言，政令不通表现在：一是对政令歪曲执行。政令在执行中容易被歪曲执行、错误执行，主要是由政令执行者较低的业务能力、对政令较差的认知能力等因素造成的。政令被歪曲执行，在执行中表现为背离政令的本意，使政令走样变形。二是对政令选择性执行。有些地方政府和下级部门，为了使政令执行更符合本地区和本部门的利益，往往对政令选择性执行，只执行符合本地利益和本部门利益的政令。三是对政令延缓执行。延缓对政令的执行，主要是由于地方政府和下级部门对中央和上级部门的政令不置可否，处于利益博弈的状态，使其不愿立即执行政令。

2. 行政执行部门配合困难

行政执行部门之间配合困难是行政执行另外一个突出问题。行政执行部门之间配合困难主要原因是部门之间缺乏沟通，同时各部门又为了维护本部门的利益而不愿意与其他部门进行合作。行政执行部门之间在行政执行中配合困难的主要表现有：一是需要上级部门协调。目前，在涉及行政执行的配合问题时，相关部门需要在上级部门的统一协调下，才会促使各部门之间相互合作。其原因在于，利益制约关系使各部门不愿主动去配合其他部门进行行政执行。二是依靠"人情""关系"。也就是说，部门之间的配合在当前还有赖于"人情""关系"。在涉及行政执行问题时，有些部门之间的配合并非来自上级部门的协调或者完全是出自于工作需要，而是出于部门之间的"人情"或"关系"。

---

① 来源于 http://www.people.com.cn/GB/32306/33232/6206564.html。

（四）行政监督现存问题

从表象上看，我国行政监督已经形成了纵横交错、上下配套的内部监督机制与外部监督机制，但是深入分析，我国行政监督还存在一些问题。

1. 监督主体虽多元但无序

行政监督已经形成了多元监督主体共同实行监督的一个比较完整的体系。从理论上讲，行政监督体系中的多元监督主体，能够使监督更加全面、更加科学。但是在实践过程中，却存在诸多问题：由于各监督主体监督职能不一致，或者出现监督职能的重叠交叉，导致监督混乱；各监督主体之间缺乏沟通交流，在监督过程中各自为政；各监督主体监督职能边界模糊，导致监督错位、越位等。总之，监督主体所进行的行政监督在目前还是处于分工不明确、混乱无序的局面。

2. 监督法律制度不完善

虽然我国也制定了一些关于行政监督方面的法律法规，但是总体上还比较笼统和过于宏观，并没有对行政监督的法律地位、监督权限、具体程序做出详细规定。这种情况导致行政监督方面的法律法规缺乏可操作性。比如说，由于《国务院组织法》《地方组织法》的过于陈旧与粗糙，行政权划分不明确，行政组织职权不清，使监督目标不明确，监督活动只能停留在表面，不能具体深入。[①]

3. 监督环节单一、监督乏力

我国行政监督注重的是事后监督。也就是说，注重的是对结果的惩戒性监督，而忽视事前监督和事中监督。正是这种监督环节的单一，导致了行政监督缺乏事前监督预防作用的发挥和事中监督纠错功能的实施。近年来查处的一些典型的违法违纪案件已经表明事前监督和事中监督的薄弱。另外，我国行政监督实行的是自上而下与自下而上的双向的监督方式。自上而下的监督一般是有力、有效的，但是自

①　王湘军：《我国行政执法监督机制研究》，《北京工业大学学报》（社会科学版）2011年第4期。

下而上的监督却表现乏力。监督中下级对上级的监督形同虚设、下级对上级的监督缺乏制度支持、下级对上级的监督手段不足等都是其监督乏力的具体体现。

第四章 政府行政软实力建设的域外经验

"他山之石，可以攻玉"。中国政府行政软实力建设的顺利推进，既要弄清本身的现状与问题，同时也应积极借鉴其他国家的相关经验。美国作为当今世界上唯一的超级大国，不仅具有雄厚的硬实力，其软实力建设也取得了丰硕的成果。法国作为近现代多种思潮的发源地，具有悠久的历史文化传统和深厚的思想文化底蕴，其在软实力建设方面同样具有较丰富的经验。日本与中国一衣带水，两国在很多方面都具有相似性。本章对上述三国政府行政软实力建设进行分析，并总结其可资借鉴的相关经验。

第一节 美国行政软实力剖析

一 美国行政软实力的构成与建设

（一）行政文化

本书所指的行政文化主要研究行政价值观、行政意识及行政心理，但是限于文献资料的不足，在研究美国行政文化建设时，主要研究其行政价值观。美国的行政价值观是美国行政软实力建设的重要内容。美国行政价值观的建设体现在以下几个方面：

一是追求行政效率的行政价值观。美国行政发展的过程中，坚持对行政效率的优化和发展，认为这是建立高效政府的需要，也是提高政府为民服务效率的要求，这就促使美国追求行政效率的行政价值观成为美国行政软实力建设的重要因素。例如，在公共行政发展初期，效率被当成了行政活动的一种内生性的、先在的、至上的价值。① 行政机关对行政效率的追求被推崇到重要位置。到了新公共管理时期，在管理主义主导下，政府虽强调以结果为导向，但是仍然坚持效率至上的行政价值。

二是重视公民参与的行政价值观。随着管理主义运动的兴起，以及为了有效解决国内政府决策的弊端、政府与公众之间的矛盾等，美国政府越来越重视公民对政府决策及政策制定的参与，重视公众参与成为美国行政价值的追求。例如，听证会制度和咨询顾问委员会是美国公民参与的一种常规化模式，也是保证公民参与的有效途径。具体来讲，在涉及城市规划、环境治理、社会保险、医疗卫生等民生问题时，美国政府通常会举行听证会，听取公众意见，让公众参与到政府决策中来。美国政府对公民参与的重视，能够弥补代议制政府的弊端，增强政府的回应性。代议制允许"特殊利益集团用大量的资金影响政府决策，一般公民的需求却被忽略了"。② 而公众参与，它使公众不仅参与政府的决策、政府的政策制定，而且还使公众参与对政府行为的监督。这就使公众既能参与政府的决策又能加强对政府的监督。公民参与的行政价值观，使美国政府民主性得到增强。

三是以服务为导向的行政价值观。美国在经历了政府职能"划桨与掌舵"争论时期以后，认为政府职能不仅仅是"掌舵"，而更应该是服务。以服务为导向的行政价值观成为近年来美国政府行政文化建设的核心。它强调政府的职能应由管制转向服务，为公众和社会提供更多的公共服务和公共产品。例如，为提高公共服务的质量和效率，美国政府通过引入竞争机制，拓宽公共服务的供给渠道，通过合同外包将部分政府服务转交给私人部门，由私人部门向公众提供服务，等等。以服务为导向的行政文化增强了公众对政府的信赖感，并以服务质量和水平来赢得公众的认可，从而增强政府的行政软实力。

---

① 颜佳华、王升平：《近百年来西方行政价值观演变的特征、规律及趋势探析》，《中国行政管理》2008 年第 8 期。

② Kaufman, Herbert, "Administrative Decentralization and Political Power", *Public Administration Review*, 1969, 29 (1), pp. 3 – 15.

（二）行政伦理

1. 以正义为核心的个人伦理

美国行政软实力建设中的行政人员的个人伦理，是以正义为核心的。个人伦理的正义，包含一些重要的道德理念或文化价值："①诚实——如果不诚实，人们就不可能有效地进行交流。在美国的价值理念系统中，诚实处于首要的重要地位。②坚持原则——合理的行动是出于原则而非心血来潮的奇想，坚持原则也并不意味着保守、不可变通或僵化。③协调一致——合理的行动就是力图把原则与原则的实施结合起来，并使二者尽可能地和谐一致。④互惠互利——合理的行动就是力图要在同样条件下期待他人像善待自己一样善待别人。"①

美国行政个人伦理所秉持的正义，要求政府行政人员诚实守信、坚守原则、秉公办事、拒绝腐败等，能够进一步提升政府行政人员的品行修养，这更利于行政软实力在"人"的方面的提高。

2. 以专业和敬业为重心的职业伦理

美国行政伦理建设将行政人员具备较高的教育背景和崇高的敬业精神作为职业伦理的核心。由于公共管理管理手段的多样化和管理对象的复杂化，以及公共管理理念和方式的日趋成熟，公共管理专业化程度也越来越高，因此对行政管理人员的要求也越来越高，要求政府行政管理人员具备较高的学历、较强的专业技能、较丰富的理论知识等。行政从业人员具备较高的教育背景，能够使行政从业人员拥有较高的认知能力和较强的理解能力，能够使行政决策更加科学化，同时也能够较为准确地理解相关法律法规，从而使行政执行更加规范和合理，较好地达到执行效果。

美国的职业伦理要求行政人员尽职尽责地工作，具有良好的敬业、爱业的精神。为使行政人员达到敬业的要求，美国在职业伦理建设中往往选择具有较高的道德修养、勇于承担责任和踏实履行义务的人担当重任。同时，美国公共行政学会伦理准则把"力争成为优秀的职业人员"作为成员的基本伦理要求，其中包括：①提高个人能力，

---

① 王正平：《当代美国行政伦理的理论与实践》，《伦理学研究》2003 年第 7 期。

鼓励个人的职业发展；②在组织内鼓励与支持提高个人能力的行为；③承认个人对现实问题与潜在问题所承担的职责；④鼓励通过自己的职业和社会联系帮助他人的职业发展。① 这些反映出美国职业伦理要求行政人员在提高个人职业能力的同时，还需要做好本职工作，尽到本职工作的相关责任。

（三）行政制度

美国行政制度主要包括公务员制度、行政决策制度、行政执行制度及行政监督制度等。由于美国行政制度建设相对比较完善，其建设经验在一定程度上值得我国去借鉴。

1. 公务员制度

美国公务员制度体系比较庞杂，本部分对其分析仅以公务员考核制度、引咎辞职制度为对象。

（1）考核制度。美国是世界上较早实行公务员功绩考核制度的国家之一。美国的公务员考核制度是在经历了一个长期的历史发展过程后，才逐步完善起来的。具体来讲，美国公务员考核制度具有以下几个特色：一是公务员考核注重对"德才"的考察。从《彭德尔顿法》可以说明，"德才"的考察已经以法律的形式固定下来。也就是说，对"德才"的考察具有了法律保障，同时也使对"德才"的考察进入了法定的程序。对公务员"德才"的考察，选拔出德才兼备的人员加入国家公务员队伍，将会对提升国家公务员整体素质和良好形象具有重要作用。二是美国公务员考核制度始终重视法律作为保障的基础，即重视依法进行公务员的考核。例如，先后制定并颁布的《彭德尔顿法》《公务员考绩法》《文官制度改革法》等，都使公务员考核制度正规化、法制化。三是注重公务员考核时定量与定性方法的相结合。由于定性与定量考核方法的相脱节，导致各个行政部门考核标准互不相同，而且定性考核缺乏具体的量化指标。针对这种问题，美国公务员考核注重定量与定性相结合，将公务员的具体工作时间、休息

---

① 王正平：《美国行政伦理的基本价值理念及其规范制度建设》，《上海师范大学学报》（哲学社会科学版）2008 年第 6 期。

时间等明细化。四是注重考核过程中的沟通和交流。注重考核过程中的沟通和交流，是为了增强考试机关和参加考试的人员之间的相互了解，这样有利于加深考录机关对参加考试人员德才方面的了解，利于选拔更优秀的公务员。这些考核方法在选人标准、用人标准、管人方式等方面对于完善我国公务员制度具有借鉴意义，对提升行政软实力也具有积极作用。

（2）引咎辞职制度。美国公务员引咎辞职制度主要经历了三个时期：

第一个时期是"弹劾制时期"（18 世纪 80 年代末—19 世纪 20 年代中期）。这个时期，联邦行政人员主要由总统任命，总统选拔的标准是行政人员的品德、能力、家庭背景、教育程度和社会地位。[①] 这种选拔行政人员的方式，使普通民众很难进入政府公务员的队伍。同时，这种行政人员选拔方式也在一定程度上造成了任人唯亲的问题。因此，弹劾制的出现，可以在一定程度上达到对公权力运用监督的目的，较好地避免任人唯亲。也就是说，这一时期的弹劾制起到了权力的分离与制衡的作用。但是这个时期的弹劾制，成为不同党派之间、不同利益集团之间权力斗争的工具，因此并没有在实质上对行政人员进行弹劾和罢免。

第二个时期是"撤职和免职制"时期（19 世纪 20 年代中期—19 世纪 80 年代初）。这一时期的行政人员任命方式还是采取政治任命的方式。政治任命方式产生的行政人员，多数是政党利益的代表者和政党意志的执行者，这种状况不可避免地会出现一些问题，例如权力斗争、责任推脱等。针对这些情况，撤职和免职制度应运而生。撤职和免职制度的产生，是对弹劾制的发展和延伸。也就是说，政府工作人员在正式任用后，议会、司法机关基于法定原因认定其已不再适合担任现职，经过一定的法律程序给予撤销或免除职位的行政处罚行为。[②]

---

① David A. Schultz et al., The Politics of Civil Service Reform, New York: Peter Lang Publishin, 1998.

② 刘菲：《美国公务员引咎辞职制度及其启示》，《安庆师范学院学报》（社会科学版）2008 年第 5 期。

同时，在对行政人员进行撤职或免职时，要求必须出具处分的具体理由和依据，被撤职和免职的行政人员有申诉的权利。

第三个时期是"辞职制时期"（1883 年以后）。1883 年《彭德尔顿法》颁布以后，美国政府就对政府人事制度进行了改革。其中，辞职制度就是政府改革的一项重要内容。辞职制度简单来讲就是辞去公职，但是辞去公职的类型却有两种：自愿辞职和引咎辞职。自愿辞职往往主要是行政人员个人因非失职、渎职等原因而辞去公职，而引咎辞职则主要是由于行政人员失察、渎职等行为而辞去公职。

随着美国公务员制度的不断完善，引咎辞职制度已经成为公务员退出机制的一项常规机制。美国的引咎辞职制度的形成，对增强政府公信力无疑起到重要促进作用：

一是缓和了政府与公民之间的矛盾。引咎辞职制度是对失职渎职、滥用公权的行政人员的一种有效处罚方式，它弥补了行政人员权力异化和道德失范的缺陷，树立了政府民主、负责任的良好形象。引咎辞职制度使政府能够及时向公众交代对失职行政人员处罚结果，及时化解政府与公民之间的矛盾，赢得公民对政府的信任。

二是在一定程度上提高了政府的行政效率。引咎辞职制同样适用于对碌碌无为的行政人员的处罚。对于"做一天和尚撞一天钟"办事拖拉的行政人员，在受到公众和媒体的批评时，引咎辞职将是其最终的选择。引咎辞职对于懒政庸政的行政人员来讲，是一种有效的鞭策手段，它激发了行政人员工作的动力，提高了行政人员工作效率。

三是强化了对行政人员行政行为的监督力度。引咎辞职制度，在心理层面上加强了行政人员行使行政权力时自我监督的意识，使行政人员在行使行政权力的过程中，不敢随意使用行政权力。对于外界而言，引咎辞职制度促使公众和社会组织加强对行政人员的监督，它是公众和社会组织监督行政人员的失职、渎职行为，并以引咎辞职作为处罚行政人员的一种方式。

以上表明，美国公务员引咎辞职制度，对追究失职渎职、滥权、懒政庸政行政人员具有重要的监督和制约作用。这对完善我国公务员引咎辞职制度，提升行政软实力具有借鉴价值。

2. 行政决策制度

美国行政决策制度比较具有特色的是行政审批制度。行政审批制度最早起源于 19 世纪 50 年代，随着时间的推移以及为了解决行政审批制度自身存在的问题，1975 年美国政府进行了行政审批制度的改革，形成了相对完善的行政审批制度。

美国现行的行政审批制度主要有以下内容：

一是下放部分行政审批权力。美国政府精简了很多行政审批项目，将部分审批权限交给了社会和市场。这使社会组织和市场拥有了更大活动空间，也有利于激发和增强社会和市场的活力。

二是依法进行行政审批。美国是一个十分重视法制的国家，这种法制环境使行政审批同样依法进行。在进行行政审批的过程中，各种审批项目、审批程序均是依法进行。尤其是在行政许可权方面，美国对行政许可权的设定极为严格，一般都是以法律的方式设定。

三是有着规范的行政审批程序。美国行政审批程序的规范性，主要体现在两个方面：①听证制度。行政审批的听证制度主要作用在行政许可中，给予申请者或者利害关系人发表意见的机会，使其充分地表达意愿。例如，美国《联邦行政程序法》第五百五十四条规定，行政机关实施包括核发、拒绝、吊销、修改许可证的裁决时，应当及时通知有权得到听证通知的人，在确定听证的时间地点时，应充分考虑到当事人或其代理人的需要与方便。① ②在许可中使用说明的理由制度。在行政许可中使用说明理由制度即是要求行政机关必须表明做出行政许可的合法性理由与合理性理由，包括事实依据和法律依据的要点，进行许可判断的依据和标准。② 这使行政机关在进行行政许可时，做到依法审批、合理行使裁量权，防止行政滥权。

目前，我国行政审批制度还存在着审批权力比较集中、审批程序过于复杂、审批事项过于繁多等问题，解决这些问题，可以借鉴美国

---

① 参见王名扬《美国行政法》，中国法制出版社 1995 年版，第 1121—1122 页。
② 邬旭东：《美国行政审批制度改革对我国的启示》，《安徽广播电视大学学报》2008 年第 1 期。

下放行政审批权力、规范行政审批程序等做法，以提高我国行政审批的能力。

3. 行政执行制度

（1）行政执行制度冲突的解决。美国作为联邦制国家，除了联邦政府制定的行政执行制度外，各州和地方政府也制定了行政执行制度，这种情况难免会导致行政执行制度的冲突。为了解决行政执行制度的冲突，美国国家最高立法机关往往会就相关领域制定统一的行政执行制度，使部分州和地方政府的行政执行制度作为统一制定的行政执行制度的补充。

（2）行政执行的内容随职能的不同而变化。行政执行是政府的一项重要活动，在实质上，政府的每一项职能都包含了行政执行。[1] 美国的行政执行内容取决于行政职能，不同的行政职能产生不同的行政执行内容。例如，美国政府机构具有罚款、救济、惩戒、行政许可等不同的职能，其行政执行的内容也各不相同。

（3）美国行政机构的行政执行选择。美国行政执行选择主要体现在行政执行前。行政执行前，美国行政机构需要考虑是否实行它自己的规则和决定。这对美国行政机构来说是一个十分谨慎的问题。因为如果放弃执行自己的规则和决定，那么当事人以外的人可以依法通过法院要求行政执行。一旦一个行政机构决定采取行政执行，则它具有选择执行方式的权力。[2] 其执行方式可以采取行政机构自己来执行，也可以通过法律程序寻求执行。除选择执行方式以外，还需要执行手段的选择。执行手段可包括行政命令、行政制裁、行政仲裁等。慎重选择执行前的规则和决定，对于选择合适的执行手段、促进行政执行有效进行具有重要意义，这也是我国完善行政执行制度需要借鉴的地方。

4. 行政监督制度

美国作为一个典型的三权分立的国家，其行政监督主要包括国会

---

[1]　白维贤、金立法、薛刚凌：《中美行政执行制度比较》，《行政法学研究》2001 年第 1 期。

[2]　陈红：《美国行政执行法律制度》，《现代法学》2002 年第 6 期。

对行政的监督、行政机关内部的监督。

（1）国会对行政的监督。预算监督。预算监督是美国国会对政府一种强有力的监督方式。美国政府需要财政开支的预算时，必须经过国会批准并以法律的形式确定后才能执行，否则，政府得不到合法的财政开支。①

弹劾监督。由于美国实行的是总统制，国会无权罢免或强迫总统辞职，但是国会拥有弹劾总统的权力。弹劾由众议院提出，参议院审判，如果参议院以 2/3 多数通过弹劾案时，被弹劾的总统方可被定罪。②

调查监督。举行听证会是国会实行调查监督的重要形式。国会为了调查某一事件而举行的听证会，可以传唤行政人员到会作证，这将对行政人员产生很大的压力。如果被调查的事件是直接针对政府的，到听证会作证对政府所产生的压力更大；如果被传唤的行政人员拒绝到听证会作证，国会可以对其作藐视国会罪论处。③

（2）行政机关内部监督。美国行政机关内部监督比较完善，其监督机构组成主要包括人事管理局、联邦劳工关系局、功绩制保护委员会、特别监督官、监察长、政府道德署等。在此仅以人事管理局、联邦劳工关系局为例进行说明：

人事管理局。美国联邦人事管理局负责联邦的人事工作，其主要职责就是监督联邦政府各组成机构是否严格执行联邦人事政策和相关规则。④

联邦劳工关系局。美国联邦劳工关系局主要负责公务的申诉工作，监督公务员工会的建立，以及解决公务员劳资纠纷等。

我国与美国行政机关内部监督机构存在一定的差别，我国行政机关内部监督机构主要指的是纪检监察机关，而非美国依靠人事管理局、联邦劳工关系局、功绩制保护委员会等实施内部监督。但是，我

---

① 崔剑仑：《论当代中国行政监督》，吉林大学，博士学位论文，2004 年。
② 同上。
③ 同上。
④ 同上。

国可以借鉴其实施具体监督的做法，例如监督人事工作、监督公务员劳资纠纷等，来完善我国行政机关内部监督。

二　美国行政软实力对我国的启示

美国行政软实力建设取得的成果，在世界范围内产生了深远的影响力，对我国政府行政软实力的建设同样产生重要影响，并对我国行政软实力建设起到一定的借鉴作用。

（一）注重行政价值观的塑造

美国政府行政软实力的建设重视对行政人员行政价值观的塑造，例如对行政人员追求行政效率、讲求社会公平正义价值理念的塑造。这正好化解了公众认为政府是拖沓的、无效率的，是维护特殊利益群体利益而破坏社会公平正义的负面认知，使政府良好形象展现在公众面前，加强了政府的吸引力。

强调行政效率的价值观是美国政府行政软实力建设的重要内容，它旨在培养行政人员廉洁、高效的工作作风，这一点对我国行政软实力建设具有相当重要的启示作用。长期以来，我国政府改革历来重视通过转变职能、调整机构等来提高行政效率，而忽视了从"人"本身着手来提高行政效率。也就是说，对政府行政人员行政效率价值观的培养在目前而言还相对比较薄弱。行政人员行政效率价值观的培养，对我国行政软实力建设具有重要作用，因为它首先是从行政个体上进行效率理念的塑造，这有利于提升行政个体在提供公共服务过程中的效率和效能。

美国行政软实力讲求社会公平正义的价值观对我国行政软实力建设同样具有重要的借鉴意义。一个政府能不能实现社会的公平正义，反映的是这个政府的行政能力和行政水平。而将实现社会的公平正义作为政府及行政人员的价值观，它会促使政府及行政行政人员将致力于消除社会的贫富差距、收入分配差距、失业、打破特殊利益集团的利益作为职业操守和职业追求。这对于增强政府为民服务、维护社会公平的精神起到重要的推进作用，同时也对增强公众对政府的认可度起到重要作用。

（二）注重行政人员个人伦理和职业伦理的建设

美国行政软实力建设重视对行政人员个人伦理和职业道德的培养，这也是增强美国行政软实力的重要方式。培养行政人员的个人伦理，要求行政人员具有良好的个人修养和个人品格；培养行政人员的职业伦理要求行政人员爱岗敬业、清正廉洁。这正是我国建设行政软实力需要学习的地方。

行政人员个人伦理和职业伦理直接代表着整个政府的形象。我国的人民群众认知政府的"善"与"恶"，最直接的方式就是通过行政人员来了解。行政人员的个人道德行为直接决定着人民群众对政府的价值判断。当行政人员能够坚守勤政廉政的工作作风、关系人民群众疾苦、个人品质优良，那么人民群众就会认为我们的行政人员是爱民、为民的行政人员；反之，人民群众则会憎恨行政人员，加剧官民之间的矛盾。因此，我国政府行政软实力建设必须要重视加强行政人员的行政伦理的建设。

（三）行政制度的建设重视公众的参与权与知情权

美国行政软实力的建设，重视对公众参与权与知情权的保障。例如，美国的行政审批制度，有着严格的规范的程序，为给予利害关系人表达意愿和建议的机会，往往采取听证会的形式。此外，为了保障公众的知情权，美国政府还建立了完善的行政监督制度，其目的就是让公众加强对政府的了解，加强对政府的监督。这既是建设透明政府的重要举措，同时也是建设诚信政府的需要。这种方式值得我国借鉴，因为这对于我国行政软实力的建设具有重要的推进作用。我国目前行政审批制度建设已经取得了一定的成绩，同时正在积极完善行政监督制度。行政审批作为行政决策的具体表现形式，其规范性直接反映了行政决策的规范性，这对于提高行政决策科学化程度，增强政府行政决策能力和政府影响力具有重要作用。行政监督制度是扩大我国公众知情权的一种重要方式。让公众了解政府"干了什么事情和正在干什么事情"，对政府行为实行实时监督，这不仅有利于消除公众对政府及行政人员的误解和猜忌，而且有利于增强我国政府"透明、阳光"的形象。

第二节　法国行政软实力剖析

一　法国行政软实力的构成与建设

（一）行政文化

作为一个典型的行政国家，法国行政文化的建设主要体现在行政价值观方面。在此，也仅以法国行政价值观来进行分析。法国行政价值观建设具有以下特点：

一是注重依法行政的行政价值观的塑造。法国比较重视法律的权威，法国作为"行政法母国"，不仅具有完备的行政法体系，更为重要的是具有强烈的依法行政价值取向。这里所指的"依法行政"，除了法国相关的法律法规外，还包括依据行政法来约束政府行为。也就是说，法国依法行政的行政价值观要求所有行政活动必须遵守法律法规。具体来讲，它包含 3 项内容：第一，行政行为必须有法律依据；第二，行政行为必须符合法律；第三，行政机关必须以自己的行为来保证法律的实施。[①] 法国依法行政的行政价值观，具有长期的历史传统，对维护法国行政系统的稳定性发挥了重要作用。

二是践行服务公民的行政价值观。随着法国行政权力的完善，服务公民的行政价值观已经成为法国政府主流价值观。法国政府服务公民的行政价值观在行政实践中体现为政府为法国公民提供"从摇篮到坟墓"的公共服务。也就是说，政府不仅为公民提供安全稳定的社会秩序，而且还为公众提供教育、医疗、卫生、交通等全方面的公共服务。这种服务公民的行政价值观，使法国公众得到政府大量优质的公共服务。

三是追求公平正义的行政价值观。维护社会公平正义也是法国政府所追求的一项重要行政价值观。为加强对弱势群体和受到不公正对待公众实施救济，法国政府创立的新型的行政救济方式，主要指的是

---

① 王名扬：《法国行政法》，中国政法大学出版社 1988 年版，第 204—207 页。

层级救济、善意救济以及调解员制度等。通过不同形式的救济方式，及时对相关群体实施救济，能够有效地维护社会的公平正义。

（二）行政伦理

法国行政伦理建设，同样注重行政人员个人伦理和职业伦理的培养。

1. 个人伦理

（1）诚实中立。诚实中立的个人伦理，是法国行政人员的重要道德伦理修养之一。诚实要求法国行政人员在工作中对人诚实，对待公众要讲诚信；中立要求行政人员的行政价值判断和执行公务时不得受性别、宗教信仰、种族、政治主张等因素的干扰，要保持客观中立的态度。诚实中立的个人伦理要求培养了法国行政人员公正、公平的个人修养。

（2）保持良好品格。法国行政人员保持良好的品格，在范围上指的是在公共生活和私人生活中均应该保持良好的品格。那么，良好的品格在公共生活中具体指的是公职人员要有良好的心理素质、完善的人格、良好的性格、良好的人际关系和处事能力等；在私人生活中具体指的是公职人员的行为要与职位相称，不得做出有损公职人员形象的行为。

2. 职业伦理

法国政府对行政人员的职业伦理培养主要体现在廉洁奉公方面。它要求行政人员在执行公务过程中，不准以权谋私、贪污腐败，要树立廉洁奉公的职业操守。例如，行政人员不能直接地或者间接地在受他监督的企业中或和他职务有关的私企中担任重要职位，或占有重要股份足以妨碍他公平地执行职务。[①] 同时，还要求行政人员必须申报配偶所从事的营利性事业。对于辞去职务或者是退休的行政人员，在一定时期内不准与其在岗时有管理与被管理的企业中谋取职务，其目的是防止营私舞弊行为的发生。

---

① 参见王名扬《法国行政法》，中国政法大学出版社 1998 年版，第 286 页。

（三）行政制度

法国行政制度主要包括公务员制度、行政决策制度、行政执行制度及行政监督制度等。基于对文献的梳理，本书认为法国的公务员制度和行政监督制度的建设经验更为值得我国进行学习和借鉴，因此主要分析这两个方面的建设经验。

1. 公务员制度

法国公务员制度比较有特色的是以下几个内容：

（1）依法依章管理公务员。法国对公务员的管理注重依法进行、依章进行，这也能够最大限度地规范公务员的行为。法国公务员管理规范体系分为三个部分：总章程、单项章程和实施细则。总章程包括《公务员权利和义务章程》《国家公务员章程》和《地方公务员章程》等；[①] 单项章程主要由政府各部门在管辖范围内制定的，包括《法官章程》《军官和士兵章程》等，这些单项章程针对的是公务员的录用、考核、晋升等作出的具体规定；实施细则指的是具体的执行规定。这种分层次构成的公务员管理体系，体现了法国公务员管理的规范性。

（2）严格的考录制度。法国实行严格的公务员考录制度，主要是通过严格的考试内容和考试程序来选拔优秀人才充实到公务员队伍。在公务员招录过程中采取公开、平等的原则。具体来讲，法国严格的考录程序是指：报考公务员者一律平等，不分宗教、性别、种族等；考试按照成绩先后，择优录用；一切考试内容包括考试科目、条件等都要公开，[②] 同时对招录结果要予以公示。另外，整个考录过程均接受法国司法部门的监督。这表明法国公务员招考程序是严把"入口关"，这也是为了选拔出更优秀的公务员。

（3）完善的公务员培训制度。法国十分重视对公务员的培训，培训制度也比较成熟和完善。例如，1971 年的《继续教育法》对公务

---

① 任慧：《法国公务员制度及其对我国的启示》，《成都行政学院学报》2011 年第 5 期。

② 丁煌：《浅谈法国公务员制度的廉政机制》，《法国研究》1999 年第 2 期。

员的培训做了专门规定；1985 年，法国政府又进一步规定：公务员为参加考试有要求继续培训的权利；公务员对自己感兴趣的项目有申请培训的权利。在经费和时间的保障上，规定行政机构用于公务员培训的经费支出应当达到支付工资的 6%，公务员根据工龄长短还可享受 1—3 年不等的培训假期，假期内不停止工资发放。①

法国公务员培训依托高等院校和科研机构来进行，使公务员培训能够享受高校和科研机构优质的教育资源，提高公务员培训的效果。同时，法国公务员的培训注重实用性，也就是说注重理论与实践的相结合，并侧重公务员分析问题和解决问题能力的培养。

2. 行政监督制度

法国行政监督制度建设的内容主要包括议会对行政的监督、法院对行政的监督、行政调解员制度等。

（1）议会对行政的监督。议会作为法国的立法机关，由国民议会和参议院组成。议会对行政的监督主要体现在以下方面：

弹劾监督。弹劾权是法国议会对行政人员尤其是总统实施监督的一项重要职能。弹劾权是资本主义国家议会对违法失职的官吏（如总统、首相、大法官等）揭发和追究其法律责任的权力。② 被弹劾的行政人员除了会受到免职的处理，对构成犯罪的还将依法追究其法律责任。

不信任案表决权。不信任案表决权是议会对政府政策是否能够通过具有表决的权力。法国不信任案表决权的内容可以归结为：国民议会根据所通过的不信任案，应追究政府的责任，但是该不信任案必须至少有国民议会 1/10 的议员签名才能提出，不信任案必须在提出 48 小时后方可表决。③ 由于总理对内阁实施的政策和纲领负有责任，因此在议会的不信任案表决通过后，总理就需要辞去职务。

（2）法院对行政的监督。法国存在两种法院系统，即普通法院和

---

① 任慧：《法国的公务员制度及其对我的启示》，《成都行政学院学报》2011 年 5 月。

② 《宪法词典》，吉林人民出版社 1988 年版，第 409 页。

③ 崔剑仑：《论当代中国行政监督》，吉林大学，博士学位论文，2004 年。

行政法院。普通法院主要处理民事案件、刑事案件等案件，而行政法院则专门处理政府行政案件。因此，在法国对行政实施监督的主要是行政法院。

法国行政法院分为普通行政法院和专门行政法院。普通行政法院包括最高行政法院、上诉行政法院、行政法庭、行政争议庭；专门行政法院包括审计法院、财政和预算纪律法院、补助金和津贴法院等。[①] 从整体上讲，法国行政法院实施行政监督的内容有：一是受案范围。法国行政诉讼的受案范围包括除私人行为、立法机关行为、司法审判行为、外国机关行为和政府行为以外的一切行政机关公务行为。[②] 二是行政法院对其所审理的行政案件，可依法做出维持、撤销、变更等相关的决定。[③]

（3）行政调解员制度。法国的行政调解员由部长委员会任命，具有独立性。行政调解员有权对法国的行政部门进行调查，并有权要求法国行政部门出具相关的材料以佐证行政调解员的调查。行政调解员在进行相关调查后，可以出具调查建议，以督促行政部门接纳并执行。另外，对不执行其建议的行政部门，行政调解员可以制定相关的制裁措施。

二　法国行政软实力对我国的启示

通过对法国行政软实力构成的分析可以发现，法国行政文化、行政伦理及行政制度三个方面的建设和完善，对提高法国行政软实力国际影响力起到了重要的推进作用，同时对我国行政软实力建设起到了一定的借鉴作用。

（一）重视塑造行政文化的行政价值观

法国行政文化的建设，同样重视对行政人员行政价值观的塑造。依法行政的行政价值观，能够使行政人员树立强烈的法律意识，促使其在行政执行中做到有法可依、有法必依，自觉地用法律来规范其行

---

① 洪威雷、芦文龙：《行政文化学概论》，武汉大学出版社 2009 年版，第 76 页。
② 胡建淼：《比较行政法——20 国行政法评述》，法律出版社 1998 年版，第 240 页。
③ 崔剑仑：《论当代中国行政监督》，吉林大学，博士学位论文，2004 年。

政行为。服务公民的行政价值观使行政人员具有良好的服务意识，这有利于政府职能的进一步深化和行政人员行政意识的转变，使服务的理念贯穿政府及其行政人员的具体行政行为中。这能够有效提高政府服务质量，增加政府的行政软实力。追求公平正义的行政观，是对社会公平的维护，也是一个"善"的政府应该具备的品质。

针对依法行政的行政价值观而言，由于长期以来"人治"思想对我国行政过程的严重影响，导致我国政府行政人员依法行政的意识淡薄，使政府形象在人民群众中受损。因此，我国可借鉴其用法律、行政法规等法律手段来塑造和加强行政人员依法行政的价值观。服务公民的行政价值观和追求公平正义的行政价值观是我国政府一直所追求的，这与我国全心全意为人民服务的宗旨相吻合。只不过针对我国而言，我国需要吸收借鉴法国这两种行政价值观的地方在于进一步拓展政府服务的领域，更加完善我国政府的救济制度和救济渠道，这对于增强我国政府的行政软实力具有重要作用。

（二）注重对行政人员行政伦理的培养

政府决策和政策执行的主体乃是政府行政人员，政府行政人员的行政伦理水准直接决定着政府决策的价值取向以及政策执行道德水平的高低。法国行政伦理的建设经验主要体现在个人伦理和职业伦理两个方面。对个人伦理的建设注重个人品格的培养，对职业伦理的建设注重廉洁奉公的职业精神的培养。这些方面均值得我国学习和借鉴，原因在于：目前我国行政软实力建设中一个比较突出的问题就是行政人员的行政伦理水平参差不齐。有些行政人员清正廉洁、品质优秀，始终以为人民服务为工作宗旨，在具体工作中为政府树立了良好形象，并赢得了人民群众的认可和爱戴。但是也有一部分行政人员贪污腐化、道德品质败坏，这严重影响到我国行政软实力的建设。为此，为克服部分行政人员行政伦理低下的问题，我们应该注重对行政人员个人伦理和职业伦理培养，使行政人员做到诚实中立，不以行政相对人的地位、身份来采取不同的工作态度，要促进行政人员相互之间创造和谐的人际关系，避免行政人员之间相互猜忌、相互诋毁，同时要以相关法律法规对行政人员实施监督，并对道德败坏行政人员依法处理。

（三）重视行政制度建设

法国政府行政软实力建设比较重视行政制度的建设，主要涉及公务员制度、行政监督制度等。法国的公务员制度和行政监督制度相对于我国而言，是比较完善的，也是我国行政软实力建设需要借鉴的。

一是法国公务员制度建设比较成熟。首先是规范的公务员管理制度。法国对公务员的管理，出台了一系列相应的制度予以保障，而且这些制度已经成为一个比较完整的制度体系，这是我国需要借鉴和学习的地方。我国公务员制度的建设主要依据《公务员法》，虽然也制定了相应的配套制度，但是没有构成一个相对完整的制度体系，这就使公务员管理的制度保障显得杂乱。其次是严格的公务员考录制度。法国公务员考录制度整个过程和环节都是比较严格的，而且全程受到司法机关的监督。我国公务员考录制度近年来的建设也是比较完善的，公务员考录的"入口关"把关也是比较严格的，但是其监督机关主要是纪检部门，可以考虑将司法监督纳入公务员招录过程中。最后是公务员培训制度。法国公务员培训制度也是比较完善的。通过对法国公务员培训制度的分析，不难发现，其不仅高度重视对公务员的培训，也重视公务员培训方式的扩展。我国公务员的培训需要学习法国多渠道的培训方式，这样能够丰富公务员的视野，提高公务员培训的质量。

二是完善的行政监督制度。法国的行政监督主要依靠议会、法院和行政调解员来实施。议会监督可以说是对行政的强有力监督，它能够弹劾和罢免行政人员。这是我国应该借鉴学习的地方。我国人大作为立法机关，应该充分发挥对政府实行监督的职能，使政府规范行政。法国的行政法院独立于行政系统，对行政机构制定的规章制度以及行政机构的行政行为能够有效实施监督。我国虽然没有专门的行政法院，但是我们可以借鉴法国行政法院的做法，依托检察机关、审判机关加大对政府规章制度和行政行为的监督，以增强政府规章制度的合理性和合法性，加大对行政人员行政行为的监督和对违规违法行为的制裁。这样能够提高政府运转的规范性，更好地为公众服务，也能更好地得到公众的支持。另外，我国虽然没有法国行政调解员制度，但是我国可以通过行政仲裁、行政调解、行政复议等手段对政府实施监督，以保障公众的合法权益。

第三节　日本行政软实力剖析

一　日本行政软实力的构成与建设

（一）行政文化

日本行政文化建设中比较具有特色的是行政价值观的建设，其建设经验与我国有着很大的不同。因此，对日本行政文化的研究，本章以行政价值观作为研究内容。

1. 日本行政价值观的价值要素

日本行政价值观的价值要素主要指的是"共同体"价值要素。"共同体"价值要素贯穿于日本行政文化的始终。日本行政文化的"共同体"价值要素先后穿梭于村落共同体、家族共同体和集团主义共同体三个不同的时期。"共同体"价值要素形成了日本行政文化的团体意识。尽管共同体成员具有强烈的个人主义，但是长期的"共同体"价值观念的塑造，使共同体成员也有强烈的集团主义倾向。这种集团主义倾向，使成员获得了安全感和满足感。同时，在集团主义的环境中，成员之间的行政行为得到了来自行政组织内部的监督。

2. 日本行政价值观的演变历程

日本行政价值观的发展历程大致分为三个阶段："专制型"行政价值观向"民主型"行政价值观转变阶段、"效率型"行政价值观主导阶段、"官僚制"行政价值观向"民本位"行政价值观转变阶段。

（1）"专制型"行政价值观向"民主型"行政价值观转变阶段。这个阶段的时间区间大致是20世纪40年代到20世纪50年代末。第二次世界大战后，作为战败国的日本，在外力的推动下被迫进行了政府机构的调整和改革。而这一外力主要是指以美国为首的部分国家对日本实行的民主化改造。具体而言，在行政体制上的改革方面，废除了天皇专权的绝对统治，建立了资产阶级议会内阁制政府体制，对相关的法律法规进行了调整，对政府机构进行了重新设置，此次改革使日本走上了民主化的道路，形成了"民主型"行政价值观，日本民众的观念也随之发生改变。例如，日本民众逐渐摒弃天皇是主权的享有者和化身的精神枷锁，接受了主权在民的民主理念，同时更加注重人人平等和自我实现的价值理念等。随着改革的不断深化，日本民众逐渐参与到政府事务中去，实现了参政议政的公民权。这种"民主型"行政价值观，使日本政府改革得到了广大民众的支持。

（2）"效率型"行政价值观主导阶段。"效率型"行政价值观主导阶段的时间区间大致是 20 世纪 60 年代到 20 世纪 80 年代。随着日本经济的复苏，政府机构臃肿、人浮于事、效率低下等问题逐渐凸显出来，并阻碍了日本经济的发展。为此，日本当局意识到建立高效率的政府的必要性。也就是说，日本政府随之进行了"效率型"行政价值观主导下的政府改革。

日本"效率型"行政价值观主导下的政府改革主要措施有：一是进一步调整中央与地方管理权限的关系，并适当扩大地方政府的行政管理权力；二是调整和精简政府机构，转变政府职能，加强政府的综合协调的职能；三是完善公务员管理体制和公务员制度；四是修改国家行政组织法；五是改组国营公司，实现国有公司的民营化或半民营化。通过这些改革措施，日本政府行政管理体制得到改进，政府行政效率得到提高，同时企业的竞争力也得到加强。

（3）"官僚制"行政价值观向"民本位"行政价值观转变阶段。这个阶段的时间区间是 20 世纪 90 年代以后。这个时期的日本"官僚制"行政价值观有自己的特点：一是官僚是国民的公仆；二是官僚在执行公务时，要坚持政治上的中立；三是官僚在任职方面，实行"机会均等"的原则。[①] 这种"官僚制"行政价值观，强调的是以官僚为核心的行政体制。也就是说，"官僚制"行政价值观侧重以政党和官

---

① 参见杨洪刚《战后日本官僚制和政治经济发展》，《云南行政学院学报》2003 年第1 期。

僚来主导国家政策的制定和执行，形成了政党、政府、企业之间的
"铁三角"关系。这种"铁三角"关系扩大了日本官僚制的功能，导
致了"官尊民卑"，阻碍了民主化进程。

为解决这些问题，桥本内阁进行了一系列的改革，涉及行政、财
政、教育、社会保障等方面，并通过这些方面的改革，提出以民为
本、国民是国家社会生活主体的行政价值理念。"民本位"行政价值
观的确立，使日本官僚制带来的行政无能和行政腐败得到减轻，使政
府决策利益出发点由官转向了民。"官僚制"行政价值观向"民本
位"行政价值观的转变，"无论是从改革的规模，还是改革的内容来
看，都是划时代的"。①

（二）行政伦理

日本行政伦理建设相对比较成熟。为了有效提升公务员的个人伦
理和职业伦理，日本有专门的伦理管理机构即国家公务员伦理审查委
员会，同时国家公务员伦理法和公务员伦理规程是日本重要的行政伦
理法典。

1. 个人伦理

日本对公务员个人伦理的建设，主要依托公务员伦理审查委员会
和公务员伦理法来实现。

日本国家公务员伦理审查委员会隶属人事院，下设秘书处，首相
是国家公务员伦理审查委员会成员之一。国家公务员伦理审查委员会
的权责主要包括："提交关于制定、修改和废除国家公务员伦理守则
意见给内阁；制定和修订用于违反国家公共服务伦理法的纪律处分标
准；调查、研究和规划公职人员的伦理问题；全面的规划和协调公职
人员伦理培训计划；为各部和机构遵守国家公务员伦理法提供指导和
建议；审查礼品、股票买卖和收入的报告；等等。"②

日本国家公务员伦理法主要内容包括：立法目的、伦理原则、国

---

① ［日］增岛俊之：《日本行政改革的最新动向》，《中国行政管理》1998 年第 3 期。
② 张成福、杨兴坤：《行政伦理建设：来自日本的经验》，《陕西行政学院学报》2009
年 8 月。

家公职人员伦理杂则、收受礼物强制性报告、国家公务员伦理审查会、伦理监督行政人员等多项内容。① 其中，伦理原则指的是政府雇员要公平公正地对待公众，不能假公济私、以权谋私等；伦理杂则指的是基于伦理原则而颁布的一系列政府令，其目的是更进一步细化伦理原则。

2. 职业伦理

日本在公务员职业伦理的建设中，形成了比较成熟的公务员伦理规程。日本国家公务员伦理规程的内容主要包括："伦理行为标准、利益相关者、禁止行为、禁止行为例外和非利益相关者间的禁止行为、演讲和其他行为管理、对伦理监督行政人员的咨询等。"② 例如，"在伦理行为标准方面，国家公务员除要遵守国家公共服务法外，还要遵守其他的行为标准，如要尽最大努力提升公共利益。公务员总是要认识到他们的行为可能会影响公众对公共服务的信任，甚至是在工作时间之外。"③

（三）行政制度

日本行政制度同样主要包括公务员制度、行政决策制度、行政执行制度及行政监督制度。限于文献的有限性，在此仅讨论日本公务员制度和行政监督制度。

1. 公务员制度

日本公务员制度主要由录用制度、晋升制度及薪酬制度组成。

（1）录用制度。日本政府针对公务员队伍的"入口"过于狭窄、人才来源过于单一的弊端，对公务员考试录用制度实行"多元化"改革。④ 具体做法是废除了国家Ⅰ种考试、国家Ⅱ种考试和国家Ⅲ种考

---

① 张成福、杨兴坤：《行政伦理建设：来自日本的经验》，《陕西行政学院学报》2009年8月。

② 参见 http://www.jinji.go.jp/rinri/detail2/index2.htm。

③ 张成福、杨兴坤：《行政伦理建设：来自日本的经验》，《陕西行政学院学报》2009年8月。

④ 朱光明：《日本公务员制度改革述评》，《中国行政管理》2010年第1期。

试,① 实行综合职考试、一般职考试和专门职考试。同时，为吸引高学历人才、企事业管理人才和女性优秀人才加盟，还专门设立了"研究生录用考试""中层任职考试"和"女性挑战者考试"三种专门录用考试。②

（2）晋升制度。日本政府为破除按资论辈的职务晋升所导致的问题，在行政系统内部实行了竞争聘任职务的方式。也就是说，除非特殊岗位外，其他大部分岗位要通过竞争上岗或社会招聘的方式进行。这一举措有效地避免了按资论辈晋升职务所引起的公务员工作积极性不高、态度恶劣等问题，同时给年轻有为的公务员提供了良好的晋升机会。

（3）薪酬制度。日本公务员薪酬制度具体内容包括：提高新录用公务员的工资水平；加强绩效工资改革，拉大不同业绩的绩效工资水平；减少工龄高的公务员的年功工资；加大奖金的份额等。这对提高公务员工作积极性起到推动作用。

2. 行政监督制度

日本的行政监督制度内容主要包括议会对行政的监督、法院对行政的监督以及行政机关内部监督。

（1）议会对行政的监督。日本议会对行政的监督体现在日本议会对政府具有调查权、质询权、弹劾权等。

调查权。日本议会有权对政府机关实行调查的权力，调查的内容包括对行政机关的行政执法问题进行调查和调查国务问题等。

质询权。议会议员有权代表国民对政府内阁制定政策和负责的事项进行质询。国会议员提出质询后，"内阁总理大臣及其他国务大臣，不论是在两议院有议席与否，不论何时为对议案发言得出席议院。如被要求答辩或说明时，应即出席"。③

弹劾权。日本议会通过对法官和人事官执行弹劾权，以对法官和

---

① 日本国家Ⅰ种考试指的是上级职考试，国家Ⅱ种考试指的是中级职考试，国家Ⅲ种考试指的是初级职考试。

② 朱光明：《日本公务员制度改革述评》，《中国行政管理》2010 年第 1 期。

③ 参见 1945 年《日本国宪法》第六十三条。

人事官进行监督，防止法官和人事官腐败行为的发生。

（2）法院对行政的监督。日本法院由最高法院和下级法院构成。最高法院是民事案件、刑事案件和行政案件的终审法院。下级法院由高等法院、地方法院、家庭法院和简易法院组成，其中主要由高等法院、地方法院来受理行政案件。也就是说，日本通过最高法院和下级法院共同对行政机关实施监督，其具体表现方式就是对行政案件的审理，当法院认为政府行政行为违法时，可作出撤销的判决。

（3）行政机关内部监督。日本建立了从中央到地方各级行政监督机构，形成了一套比较严密的行政监督体系。日本行政监督机构由行政评价局、人事院、公平交易委员会等组成。

行政评价局下设总务课、行政相谈课、政策评价室和评价监视室四个机构，全国设有北海道等八个管区行政评价局，在各都道府县设有 42 个行政评价事务所或行政评价分室。① 行政评价局实行垂直领导，主要工作内容是政策评价、行政评价与监测以及独立法人行政评价。政策评价主要是对工作计划、工作目标等制定和执行情况的评价；行政评价与监测指的是对行政机关内部业务实施情况进行的监督；独立法人行政评价指的是对独立行政法人经营状况实施的监督检查，其中独立行政法人指的是行政机关直属的事业单位。

人事院是日本最高的人事管理机构，对国家公务员的录用、考察、任用、提拔等进行监督。人事院有权就人事问题向国会、内阁等提出疑问和建议，同时人事院具有制定、修改和废除人事院规则的职能，也具有对公务员进行审查、裁决的职能。

公平交易委员会由主席和 4 名委员组成，实行委员会制。公平交易委员会是独立于内阁的行政机关，具有准司法的功能。对于违反市场公平竞争的行为，公平交易委员会不仅能够进行行政性指导、劝告，而且还可以进行审查和审判。②

二　日本行政软实力对我国的启示

日本行政软实力的建设经历了战后的调整和改革，在行政文化、

---

① 田雅琴：《日本行政监察制度管窥》，《中国检察》2005 年 8 月。
② 同上。

行政伦理及行政制度等方面，取得了巨大进步。日本行政软实力取得的成就和经验，本书认为在行政伦理建设和行政制度建设方面值得我国借鉴和学习。

（一）日本行政伦理建设对我国的启示

日本拥有专门的行政伦理管理机构，而我国却没有，这一点正是我国需要借鉴和学习的。行政人员的行政伦理水平直接影响到我国政府行政软实力的建设水平，因为行政人员的伦理水准决定了能否对公众产生积极效应、能否使公众认可政府行为。如果我国建立了专门的行政伦理管理机构，并加大对行政人员的伦理审查和伦理监督，将能够加强我国行政人员伦理的规范性。

另外，日本行政伦理的法制化途径也值得我们学习。也就是说，虽然有了专门的伦理管理机构，但是还必须有相关配套的法律法规为伦理管理提供依法管理的保障和依据。同时，行政伦理法律法规能够制定出行政伦理详细的标准，使行政人员能够明确知道自己的行为标准。

（二）日本行政制度建设对我国的启示

日本的公务员制度和行政监督制度相比较我国而言，在整体上比我国的公务员制度和行政监督要完善一些，其中有值得我国学习和借鉴的地方。

一是在公务员制度的完善中，要注重加强公务员录用制度、晋升制度和薪酬制度的改进。目前我国公务员录用制度，存在录用方式单一的突出问题。我国公务员的录用，主要分为中央公务员录用和地方公务员录用，是从政府层级的角度来分类录用的，缺乏具体的、针对不同群体的录用方式。而日本所实行的专门录用考试以吸引不同类型的人才正是我国需要借鉴的，这样才能够提高我国政府对不同人才的吸引力。我国公务员晋升制度应该进一步实行竞争上岗的制度改革，让年轻有为的公务员能够崭露头角。薪酬制度的完善，可以借鉴日本提高薪酬、拉大绩效差距等方式，这样既能增强公务员岗位的吸引力，又能提高在岗公务员工作的积极性。

二是我国需要进一步提高行政监督的强度。目前，我国行政监督主要依靠行政内部监督和行政外部监督，其中行政外部监督主要指的是公众监督、媒体监督等。这种监督方式使我国行政监督的强度在整体上并不强。而日本的行政监督主要通过议会监督、法院监督和行政内部监督来发挥作用，其议会监督和法院监督的经验值得我国学习。我国人大监督在对行政监督的过程中也起到了一定的作用，通过相关法律法规制约行政人员的行为。但是我国人大监督应该学习日本以充分行使人大对政府的质询权和对行政人员的罢免权，而不仅仅是通过法律法规来制裁行政人员。同时，我国各级法院也应加强对行政案件审理的力度，做到有效地纠正政府错误的行政行为，保障行政相对人的合法权益。

第五章 中国政府行政软实力的提升

中国政府行政软实力的提升，既应立足于中国的国情，不能脱离实际，又应借鉴域外的相关经验，不能闭门造车；既要有整体设计，又要有具体的措施。本章从总体思路、基本原则和具体对策三个方面探讨提升中国政府行政软实力的途径。

第一节 提升行政软实力的总体思路

行政软实力的提升，不可能在短期内就能形成立竿见影的效果。具体而言，行政文化、行政伦理、行政制度等作为构成行政软实力的核心要素，其发展和完善是一个循序渐进的过程。行政文化所塑造的行政价值观、行政意识和行政心理，使行政人员认知、接受，并内化于心、外化于行政行为之中，是一个不断调试和长期积累的过程。行政伦理的完善，不仅需要从行政人员自身去进行完善，而且还需要相关的法律法规、监管机构对其行政伦理的完善予以监督和规范，这都不是一蹴而就的。行政制度的完善，需要不断地发现和解决其在行政实践中所存在的问题，这个过程同样漫长。因此，提升政府行政软实力，需要一个总体思路，以促成行政软实力合理、有序地逐步得以发展与提升。本章认为，提升行政软实力的总体思路应为：以政府改革的理念为依据，以行政文化、行政伦理和行政制度的建设为重点，采取同时推进、共同建设的路径，最终实现行政软实力的提升。

一 以政府改革的理念为依据

政府改革的理念，是指政府改革时所秉持的思想、方法、措施、价值取向等。换言之，就是将政府改革成为一个什么样的政府以及如何去改革政府。在当代，我国政府改革的理念是提升行政软实力的重要依据，其原因在于：一是政府改革的理念决定着行政软实力提升的方向。行政软实力的提升沿着什么方向，要符合政府改革的要求，并由政府改革的理念所决定，因为行政文化、行政伦理及行政制度的提升方向，只有符合政府改革的理念要求，才能实现对内产生精神导引、对外产生规范效用。二是政府改革的理念决定着行政软实力提升的具体内容。当前我国政府改革除了机构调整、职能优化、人事安排等内容外，还包括加强行政人员自身能力的建设和行政制度的建设等。也就是说，政府改革需要塑造行政人员的为民服务的价值观、公平正义的行政意识、敢于承担责任的行政心理，需要改善行政人员行政道德、敬业操守，需要进一步完善行政制度等，而这都是提升行政软实力所需要的具体内容。否则，行政软实力的提升将是"无本之源"。三是政府改革的理念决定着行政软实力提升手段的选取。提升行政软实力手段的选取，必须符合政府改革的理念。具体表现在政府改革若采取渐进式的改革方式，那么则要求提升行政软实力的手段也是渐进式的，以适应政府改革的速度，否则，采取超越政府改革速度的手段将无法使行政软实力得到提升；反之亦然。

具体而论，如下政府改革理念为提升政府行政软实力提供依据：

一是建设服务政府的改革理念为提升政府行政软实力提供依据。服务政府是对传统政府模式的根本变革或超越。其核心理念是使政府由权力本位、官职本位转向社会本位、公民本位，促使政府及其行政人员向社会、公民提供公共服务。服务政府的改革理念强调政府职能的重心需转向提供公共服务，并在提供公共服务过程中重视公众参与，并及时对公众的需求做出回应。也就是说，服务政府的改革理念在内容上侧重政府及行政人员服务意识、参与意识及责任意识等的塑造。如前所述，政府改革理念决定着行政软实力提升的内容，这就使服务政府改革的理念为提升政府行政软实力提供了依据。

二是建设责任政府的改革理念为提升政府行政软实力提供依据。责任政府是政府负责地行使公共权力，向选民、立法机关和执政党负责，积极回应并满足公民的各种社会需求的一种政府模式，同时，责任政府还包括对政府不负责任的各种行为进行制裁和控制的一整套机制。① 从本质上讲，责任政府作为现代民主政治的一种价值取向，要求政府必须及时回应社会和公民的要求，必须承担管理责任、伦理责任、监督责任等。其建设内容主要包括人民问责、行政问责等。人民问责要求行政人员要对人民负责，具有责任意识和廉洁尽职的职业伦理，这为提升行政软实力之行政伦理提供依据；行政问责要求国家行政机关实行行政首长负责制，同时包括下级对上级的问责、行政监察监督、审计监督等，这为提升行政软实力之行政制度提供依据。

三是建设法治政府的改革理念为提升政府行政软实力提供依据。法治政府的基本内涵是指作为行使国家行政权力的各级政府及其组成单位根据宪法和法律产生和建立，其职权和职责由法律来规定，其行使权力的方式和程序由法律来确定，其是否越权和滥用权力由法律来评价，其权力的行使过程及其结果受到法律的监督和控制。② 建设法治政府，要求坚持"以人为本"与维护法律权威相统一，要求依法行政与以德行政相结合，要求依法律程序行政与行政效率相结合等。这些可为提升行政软实力提供依据。也就是说，尤其是提升行政制度的建设水平，需要以建设法治政府的理念和要求为依据，来促进行政决策制度的科学化、民主化和法制化，实现行政执行制度的程序化和规范化，提高行政监督制度的法律保障力度等。

二 以行政文化、行政伦理和行政制度建设为重点

作为行政软实力的核心组成，行政文化、行政伦理和行政制度的建设对于提升行政软实力具有至关重要的作用。换言之，提升行政软实力要以行政文化、行政伦理和行政制度的建设为重点。其原因在于：一是行政文化建设是提升行政软实力的文化基础。行政文化作为文化的一种具体表现形态，具有文化的一般特征，即稳定性、持久

---

① 李军鹏：《责任政府与政府问责制》，人民出版社 2009 年版，第 13 页。
② 刘旺洪：《法治政府的基本理念》，《南京师范大学学报》（社会科学版）2006 年第 4 期。

性、影响的深远性等。尤其是行政文化所含的行政价值观、行政意识和行政心理，一经形成将稳定、持久地以文化的形态存在行政组织和行政人员意识之中，成为提升行政软实力的文化基础。二是行政伦理建设是提升行政软实力的伦理基础。行政伦理的建设主要是从行政人员道德修养、职业精神和职业素养等方面进行，并通过加强这些内容的建设，来提高行政人员的伦理水准。行政人员伦理水准的提高，对内产生示范效应，对外则增强行政人员的人格感召力，这为行政软实力提升奠定了伦理基础。三是行政制度的建设为提升行政软实力提供制度规范。行政软实力的提升，离不开行政制度的建设。其原因在于行政制度的建设能够进一步规范和约束行政决策、行政执行、行政监督等，从而在制度层面促进行政软实力的提升。

三　同时推进、共同建设的路径

提升行政软实力，要采取同时推进、共同建设行政文化、行政伦理和行政制度的路径，而不可偏废其一。作为行政软实力的重要构成部分，行政文化、行政伦理和行政制度在提升行政软实力过程中承担着不同的内容、承载着不同的功能、发挥着不同的作用。而这些内容、功能和作用相互之间并非孤立存在，而是相互联系并形成合力，这对提升行政软实力产生积极影响。例如，行政文化所蕴含的以民为本的行政价值观、勇于承担责任的行政意识，对行政伦理的建设产生直接影响，它促成行政伦理建设注重行政人员亲民、爱民、服务于民个人伦理精神的培养以及对其尽责、担责的职业伦理的塑造，同时行政制度反过来又从制度的约束力和规范效应促成行政价值观、行政意识等的实现以及行政伦理的塑造。因此，同时推进、共同建设行政文化、行政伦理和行政制度，是提升行政软实力的重要路径。

第二节　提升行政软实力的基本原则

一　以社会主义核心价值体系为指导的原则

行政软实力的建设涉及行政文化、行政伦理及行政制度等的建设，它是一个系统工程。为建设好这个系统工程，必须抓住问题的突破口。社会主义核心价值体系充分反映了我国社会意识形态的本质，为我国各项建设事业指出了方向。因此，建设行政软实力的突破口需要以社会主义核心价值体系为指导原则。

首先，社会主义核心价值体系是提升行政软实力的价值指引。社会主义核心价值体系所倡导的共同理想、改革创新、社会主义荣辱观等，为行政软实力的建设做出了价值指引。也就是说，建设行政软实力，要坚持社会主义核心价值体系的价值观，在社会主义核心价值体系的价值观指引下，将国家发展、政府进步、民族振兴等始终作为提升行政软实力的目标追求。也只有坚持社会主义核心价值体系的价值指引，才能进一步增强我国行政软实力建设的水平。

其次，社会主义核心价值体系是提升行政软实力的文化坐标。文化是一个综合概念，在任何一种社会形态中，文化都是有着不同层次的，有着主文化和亚文化、先进文化和落后文化之分，然而，所有这些不同层次的文化形态都是受到整个社会的核心文化影响和制约的，并围绕着整个社会的核心文化渐次排列开来，组成一幅从中心向外围不断扩散的辐射图景。① 社会主义核心价值体系就是我国社会的核心文化，它展示了社会主义的指导思想、价值追求、人文精神等，这也为提升行政软实力画定了文化坐标。这一文化坐标，使行政软实力的建设和提升有了依据和源泉。

最后，社会主义核心价值体系是提升行政软实力的助推器。社会主义核心价值体系所涵盖的马克思主义思想、社会主义荣辱观、民族精神等，对国内和国际社会产生了深刻影响。其原因不仅在于它反映了我国社会的整体价值取向，而且展示了我国政府优良的价值追求、崇高的理想信念等。正是这种影响力作用的发挥，对行政软实力的提升产生重要的推动作用。没有社会主义核心价值体系的推动，我国行政软实力的提升将是缓慢而艰难的。

---

① 程天权：《提高国家软实力：一个重大的现实课题》，《教学与研究》2008 年第 2期。

二 法治的原则

法治是一个国家或一个社会在政治和法制建设中一种综合性的关于社会秩序的价值目标，以及由此产生的一系列基本的行动原则及其实现过程和结果。① 在现代社会，法治的价值目标和行政原则，是相对于"人治"而言的，是对"人治"的否定，它要求树立法律的最高权威，无论是政府运行还是行政人员行为，均要受制于法、服从于法。政府在进行行政软实力的建设过程中，同样需要弘扬法治精神，坚持法治的原则，用"法"来规范行政软实力的建设，从而避免"人治"带来的负面影响。究其原因，可归结为以下几个方面：

一是坚持法治的原则，能够有效加强行政文化的建设。行政文化的建设重在对行政价值观、行政意识、行政心理的建设。而要破除"官本位"、塑造"为官一任，造福四方"的行政价值观，树立法治、民主、公平的行政意识，培养负有责任心的行政心理，离不开法治的原则。因为法治的原则，能够使法治观念、法律思想成为行政价值观、行政意识、行政心理建设的指引，并使其在法治的要求下不断完善，进而共同加强行政文化的建设。

二是坚持法治的原则，能够进一步完善行政伦理。行政伦理的完善，归根结底是使行政人员的个人伦理和职业伦理得以完善。完善个人伦理和职业伦理，就是要提高行政人员的行政人格、行政道德，提高行政人员廉政勤政的职业精神。能够对行政人员个人伦理和职业伦理的完善起到良好促进作用的是法治，法治通过法律制度约束和规范行政人员的个人伦理和职业伦理，使其严格遵守法律秩序，否则将会受到法律的制裁。

三是坚持法治的原则，能够使行政制度的建立更加规范。各项行政制度的建立，必须坚持法治的原则。换言之，行政制度的建立必须依据国家的宪法、法律法规，使行政制度不得背离法治的原则。其原因在于，建立在符合法治的原则基础之上的行政制度，才能符合现代法治国家管理国家事务的具体要求，才会具有合法性和合理性，从而

---

① 严存生：《论法治原则与我国的法治实践》，《甘肃政法学院学报》1999 年第 1 期。

更加规范。

三 优良的传统行政思想与现代行政思想相结合的原则

我国优良的传统行政思想包含着许多治国理政的精髓，也涵盖了许多为官之道的精髓。例如，"孔孟"思想所指出的德政、礼治、"民贵君轻"；《尚书》总结的九种行政伦理规范"宽而栗、柔而立、愿而恭、乱而敬、扰而毅、直而温、简而廉、刚而塞、强而义"；① 等等。我国现代行政思想则主要包括依法行政、以民为本、勤政廉政、任人唯贤等。优良的传统行政思想虽然与现代行政思想有所差别，但是却存在着一定的联系。因此，需要积极吸收优良的传统行政思想，将其与现代行政思想相结合，共同促进行政软实力的建设。具体而言，优良的传统行政思想与现代行政思想相结合体现在以下几个方面：

一是德政与依法行政相结合。传统行政思想所倡导的德政是指为政者要注重个人道德修养和道德人格的培养，为政者要通过道德的力量感化社会，实现国家的长治久安。现代行政思想所倡导的依法行政，是指要通过完备的法律制度，规范行政决策程序、行政执行程序等来行政。德政与依法行政相结合，需要做到：要求行政主体在依法行政的过程中，既要严格依法行事，又要具有良好的道德修养，做到尊重群众、关心群众、爱护群众，做到文明行政等，以促进依法行政的有效进行。

二是"民贵君轻"与以人为本相结合。传统行政思想的"民贵君轻"即"民为国之本、政之本、君之本"。② "民贵君轻"在古代行政思想中是从君民关系的角度来进行阐释的，它强调的是"民是君存在的基础，拥有权力的基础"。现代行政思想的"以人为本"，是指政府要以人民群众的根本利益为出发点，要维护广大人民群众的根本利益，要执政为民、服务于民。虽然"民贵君轻"与以人为本的立论角度不同，但是两者在强调人民的重要性上是一致的。因此，两者的结

---

① 参见《尚书·皋陶谟》。
② 张分田：《中国古代君主与"民贵君轻"观念》，《政治学研究》2007 年第 2 期。

合，需要做到：要将"民为贵"与服务于民相结合。也就是说，行政人员要树立"公仆"意识，视人民群众为主人，并为其提供优质和高效服务，解决其实际需要和困难。

三是"唯才是举"与德才兼备相结合。传统行政思想的"唯才是举"是指选人用人注重学识、才干等，现代行政思想的德才兼备则要求选人用人既要有学识，又要有较高的道德修养。因此两者相结合需要做到积极吸收传统行政思想中唯才是举、用人所长、知人善任等用人标准，使这些用人标准与现代行政思想的德才兼备相结合，以达到所用之人既有德又有才。

第三节 提升行政软实力的具体对策

提升行政软实力，关键要从其构成要素着手。其原因在于，解决了行政软实力构成要素存在的问题和不足，才能够从根本上提升行政软实力。换言之，行政软实力的提升需要行政文化的完善、行政伦理的改进和行政制度的优化。

一 找准定位以完善行政文化

行政文化的完善，涉及一个定位的问题。也就是说，从哪些方面来完善行政文化才能起到良好的效果。结合行政文化的构成与所存在的问题，拟从以下几个方面进行完善。

（一）消除"官本位"行政文化

消除"官本位"行政文化，就是将"官本位"转变为"民本位"，使以"官"为本转变为以"民"为本。从根本上讲，消除"官本位"行政文化，需要加强对行政人员"官民平等"价值取向的教育。其具体措施有以下几个方面：

一是深化教育内容。各级政府组织要将党的指导思想和相关政策文件作为深化"官民平等"价值取向教育的重要内容。例如，要使广大行政人员深刻领悟"三个代表"思想精髓，使其牢记为官要代表最广大人民群众的根本利益；使科学发展观以人为本、为民服务的要求和精神作为教育领导干部民本思想的重要内容；同时，要教育行政人员积极主动学习有关政策文件，例如，可通过学习《关于加强领导干部作风建设》，来深化行政人员权为民所用、利为民所谋的价值观念。

二是丰富教育途径。除了目前通过各级党校、行政学院、干部学院等比较常规的教育手段外，还需进一步扩大消除"官本位"教育的途径。本书认为，可以采取警示教育的手段。所谓警示教育手段，是指将由于"官本位"而导致的脱离群众、以权谋私所产生的腐败事件、腐败行政人员作为教育行政人员的典型案例，以在行政人员中达到一种警示、提醒的作用。

（二）构建以民主、正义、诚信为根本的行政价值观

民主的行政价值观，要求政府充分保障人民群众的各项权利实现；正义的行政价值观，要求政府具有维护社会正义的品质和精神，并以实现社会正义为价值追求；诚信的行政价值观，要求政府讲求诚信，向公众及时兑现承诺，并及时客观地向公众公开政府信息。构建以民主、正义、诚信为根本的行政价值观，具体做法如下：

首先，构建民主的行政价值观关键在于使行政人员树立权力来自于人民、权力掌握在人民手中的价值取向，同时树立让人民享有权力，让人民参与政府管理的价值理念。针对当前我国行政文化建设中仍然存在以权谋私、权力私有、抵制人民参与政府管理的不良价值取向，只有通过塑造民主的行政价值观才能达成良好的效果。原因在于，民主的行政价值观从根本上就是对权力私有的否定，它所倡导和履行的就是人民共同享有参与政府管理的权力。构建民主的行政价值观，一是树立"主权在民"的价值观念。树立让人民参与到国家公共事务的管理中的价值观念，是民主的行政价值观的重要构成。其实现的具体途径可为以下两种：途径一是加强对行政人员"主权在民"思想的教育。可以通过组织行政人员参加各种培训，让行政人员充分认识到"主权在民"的思想内涵是指政府及行政人员的权力来自人民，人民是国家的主人，只有让人民充分地参与到政府决策之中，才能真正实现民主。途径二是加强"主权在民"思想的宣传。可以通过报纸、电视、广播、网络等手段向行政人员和人民群众进行宣传，使其

从内心接受权力为民所有。二是塑造程序化管理的价值观念。程序的民主价值就在于它为公众参与公共行政提供了法定的渠道。① 程序化管理的价值理念就是要求进行行政管理时要坚持法定程序，管理活动不能随心所欲。具体而言，塑造程序化管理的价值观念的措施主要是通过法律法规进行塑造。例如，可通过《宪法》《行政法》等，来规范参与程序、参与方式、参与对象等，使行政人员树立严格按照法定程序和要求实行民主管理的价值观念。

其次，正义的行政价值观，才能得到公众的认可和接受。构建正义的价值观，一是要注重塑造行政人员正义感的人格，可采取的措施为：首先是塑造行政人员维护社会正义的人格。所谓社会正义，本书认为指的是权利的正义和义务的正义。因此，塑造行政人员维护社会正义的人格的具体要求就是塑造其维护权利和义务正当行使的人格。其次是塑造行政人员维护社会弱势群体利益的人格。具体做法为加强行政人员对弱势群体的接触、了解，使其真正知晓弱势群体的境遇，从内心深处来维护弱势群体的利益。二是塑造分配正义的行政价值观。具体来讲，就是要塑造合理分配人与人之间、人与社会之间的各种利益关系的行政价值观，让广大人民群众共享经济社会发展所带来的成果。

最后，构建诚信的行政价值观。诚信行政价值观是"政府在管理社会公共事务中的自觉意识和行动，同时也是社会组织和民众对政府信誉的价值判断"。② 构造行政人员诚信的行政价值观途径有以下几种：一是要塑造行政人员的诚信理念。诚信理念的塑造，主要是加强行政人员对诚信精神的学习和对诚信教育的接受和认可；另外，还需加强行政人员的"内省"，培养行政人员不断反思的精神，以发现诚信观念的不足。二是要弘扬和宣传诚信文化。诚信文化对行政人员的诚信价值观的塑造是潜移默化的，而诚信文化一经被行政人员接受和吸收，将会固化在行政人员的价值追求中。因此，要弘扬和宣传诚信

---

① 王运生：《民主行政：价值·框架·生态环境》，《学习与探索》2000 年第 5 期。

② 贾博：《建设诚信行政的路径选择》，《学习论坛》2006 年第 9 期。

文化，可采取的方式有：第一，影视教育手段。通过向行政人员播放关于诚信文化的影视题材，教育行政人员讲求诚信。第二，典型人物示范手段。通过对讲求诚信人物先进事迹的宣传与示范，在行政人员中开展向典型人物学习的活动，使行政人员从学习典型人物事迹中接受诚信文化。

（三）构建以创新、高效、务实为追求的行政意识

行政意识作为行政文化的重要构成元素，它反映的是行政人员的行政观念和行政思想。行政观念滞后、行政思想不端正势必造成不良的行政意识，进而影响行政文化的建设。因此，完善行政文化，还需进一步加强对行政意识的构建。从总体上讲，需要构建以创新、高效、务实为追求的行政意识。

首先，构建创新的行政意识，重点是培养行政人员的创新精神，使其避免安于现状。一是要打破传统行政思想对行政人员的束缚。传统行政思想是长期行政实践所形成的思考模式、思维方式，也可称为一种行政思维惯性。培养行政人员的创新行政意识，打破这种行政思维惯性的束缚，关键在于使行政人员敢于在行政实践中提出新见解、新思路。二是使行政人员具有危机意识，促使其不断地发现问题、改进问题。具体来讲，培养行政人员的危机意识，先要使行政人员对现状有着清晰的认识。也就是说，要让行政人员清楚地认识实际工作中存在的问题，而不是只看见好的一面，而忽略不足的一面。然后要使行政人员认识到解决实际问题的困难性。要使行政人员知晓解决实际问题方法的欠缺、手段还存在不足，使其充分认识到解决问题的艰巨性。

其次，构建高效的行政意识对完善行政文化并使其向效率性方向发展起到重要作用。构建高效的行政意识，一是要求行政人员在工作中必须具有提高自身工作效率的行政意识。也就是说，要提高行政人员发现问题的能力、分析问题的能力、解决问题的能力，以提高自身工作效率。二是要求政府必须提高向公众提供服务时注重效率的行政意识。具体来讲，提高公共服务效率的行政意识，要从提高服务意识和责任意识入手。提高服务意识，就是要增强政府为民服务的精神和

为民服务的动力；提高责任意识就是要增强政府为民服务的责任感、使命感，使政府将提供公共服务作为一种责任而非任务。

最后，构建务实的行政意识，主要做法有：一是要求行政人员具有踏实工作的态度。踏实的工作态度，是构建务实的行政意识的前提。踏实的工作态度，具体是指行政人员要认真做事，对待工作任务要尽心尽力地去完成而不讨价还价，认真完成上级交办的事务等。二是要求行政人员具有从实际出发的工作精神。一切从实际出发的工作精神，是指行政人员考虑问题、进行决策要坚持本地的实际情况，而不能脱离现实。

（四）构建以济民、秉公、责任为主调的行政心理

构建以济民、秉公、责任为主调的行政心理。也就是说，要求济民、秉公和责任成为行政心理的核心取向。其具体做法是：

首先，构建济民的行政心理，一是要培养行政人员为民服务的优良行政动机。具体来讲，就是培养行政人员将服务于民作为工作职责的精神。二是培养行政人员爱民、亲民的行政心理。爱民、亲民行政心理的培养，关键是培养行政人员树立正确的"人民观"，也就是说，要培养行政人员"来自于民"的心理认知。

其次，构建秉公的行政心理，要求行政人员依法、依章办事，不能违法违章行事。具体可通过以下方式进行：一是要依靠法律法规塑造秉公的行政心理。法律法规对塑造行政人员秉公的行政心理具有重要作用，它以法律强制效力约束行政人员。可通过现行的《宪法》《公务员法》《行政监督法》等规范行政人员行政行为，使其加强秉公行政的心理。二是培养行政人员照章办事的工作作风和工作态度。照章办事，就是培养行政人员在处理公务时，依法、依章严格按照程序进行，避免"走人情"。

最后，构建责任的行政心理，一是要树立以人为本的行政心理。也就是说，行政人员要以为民服务、维护公众利益为己任，使其树立行政人员所作所为均要对公众负责的精神。二是要勇于承担责任。行政人员在面对责任时，只要是在自己工作范围内造成的损失或不良后果，要勇于承担责任，而不是逃避、推诿责任。

二 内外兼修以改进行政伦理

行政伦理在行政软实力建设中，主要体现为个人伦理和职业伦理。虽然我国比较重视对行政人员个人伦理和职业伦理的教育及培育，但是却仍然存在着行政道德失范、人格异化、敬业精神不强等问题。因此，进一步改进行政伦理，以提升我国行政软实力则成为一个迫在眉睫的现实问题。改进行政伦理，需要内外兼修，具体来讲，就是"内修"与"外修"相结合，"内修"要改进个人伦理，"外修"要改进职业伦理。

（一）个人伦理的改进

改进个人伦理，主要是重塑行政人员的行政责任感，增强行政人员道德品质以及培养独立的行政人格等。

1. 重塑行政责任感

重塑行政人员的行政责任感，就是要使行政人员具有敢于承担行政责任的勇气和品质，而不是逃避责任、推卸责任。针对当前我国部分行政人员在对待行政责任时所存在的问题，重塑其行政责任感应从以下两个方面考虑：一是强化权责对等。本书认为，强化权责对等最为紧迫的任务是要明确行政责任。当前，我国对行政权力的范围、行使程序等的规定比较明确，而关于行政责任的相关规定却仍然存在过于笼统和含混不清等问题。因此行政责任的明确，需要尽可能地将其细化、具体化。具体来讲，要针对行政权力的大小、不同的岗位，制定详细、清晰的责任细则，使之成为约束行政权力的有效措施。二是加大对推卸责任的行政人员的处罚力度。对于推卸责任、不愿承担责任的行政人员，要加大对其处罚的力度，使其不敢轻易推卸责任。具体的处罚可以依据《中华人民共和国行政监察法》《公务员法》《关于实行党政领导干部问责的暂行规定》等进行。

2. 增强道德品质

行政人员的道德品质，是其个人伦理的直接反映。个人道德品质的好坏，直接决定着其个人伦理的好坏。因此，增强行政人员的道德品质对于改进其个人伦理具有重要作用。增强行政人员道德品质可采取以下措施：一是加强自身道德品质的培养。这是从根本上增强行政人员品质的有效途径。加强行政人员自身道德品质，要注重对行政人员道德意识、道德行为的培养。培养道德意识，应该包括道德情感、道德信念、道德认知等方面；道德行为的培养，应该包括语言、态度、习惯等方面。二是加强制度的约束作用。制度的道德依托使制度指向更加积极和明确，道德的制度支持促进了道德的有效实现。① 具体而言，可以通过法律法规、行政规章及规范性文件等来约束和规范行政人员的道德，使其时刻受到制度的监督。例如，可以通过《公务员法》加强对行政人员的管理，使其能够约束自己的行为。三是进一步净化社会文化环境。文化与道德之间具有天然的内在联系，文化的发展离不开道德支撑，道德观念和规范的形成和确立离不开社会文化环境的作用。② 因此，增强行政人员的道德品质，还需进一步净化社会文化环境。主要做法就是加强对社会文化环境的整治，杜绝不良社会风气的扩散，加大是非观、荣辱观、美丑观等社会文化的宣传和教育。

　　3. 培养独立的行政人格

　　独立的行政人格是对依附型行政人格的超越，它是对不良行政中人格依附的摆脱，其重视行政人员的价值实现，尊重行政人员的自由、自主和独立性。③ 独立的行政人格有利于破除"唯上不唯下"、下级依附于上级等不良个人行政伦理。因此，培养行政人员独立的行政人格势在必行。具体措施可有：一是对上级的人格独立。行政人员在行政组织中活动，由于行政组织的职位分级，导致存在下级与上级的关系。这种上下级关系要求下级必须服从上级。但是，这种"服从关系"并非是人格依附关系。也就是说，行政人员要在服从上级指示、安排的同时，应具有独立的行政人格，不能以上级的喜好、主观意志为行动的判断标准，而需以追求公共利益和公众福祉为出发点。二是塑造慎独的行政人格。慎独，在本书所指内容有两方面：一是行

---

① 辛明：《制度论》，人民出版社 2005 年版，第 253 页。

② 章建敏：《行政人员道德责任的缺失与建设路径》，《科学社会主义》2010 年第 1期。

③ 张康之、杨艳：《论行政人格的历史类型》，《江海学刊》2004 年第 6 期。

政人员独处时要加强内心伦理修养和谨慎自律。行政人员独处时，要从内心不断净化行政思想和行政理念，以提高个人伦理修养，二是要不断强化谨慎自律，拒绝受权、钱、利等不良风气的影响，使其能够自始至终坚持谨慎的态度和高度的自律。

（二）职业伦理的改进

1. 加强职业伦理的立法工作

改进行政人员的职业伦理，最终需要依靠长效机制予以保障。换言之，改进行政人员的职业伦理，需要将其纳入法治化轨道，以法律规范的形式明确行政人员的职业内容和相关责任。目前，世界上绝大多数国家都制定了公务员行政伦理法，而我国连一部明确统一的公务员行政伦理道德规范都还没有，更不要说专门的公务员行政伦理法。①虽然我国《公务员法》对行政人员的职业伦理作出了一些规定，但是这些规定只是统领性和宏观性的，缺乏实际的操作细则。为此，加强职业伦理的立法工作，对改进行政人员的职业伦理至关重要。本书认为，加强职业伦理的立法工作，可采取以下两种方式：

一是建立专门的职业伦理立法机构。首先，本书认为，该立法机构可以命名为职业伦理立法委员会。其次，为保证该职业伦理立法机构具有充分的立法权，其应该隶属于人大，并成为人大的一个独立机构，专门负责制定关于职业伦理的相关法律法规。最后，该机构应同时具备监督和审查职业伦理的职能。

二是制定一部关于职业伦理的法律。目前，我国还没有出台一部专门的关于职业伦理的法律。因此，尽早出台专门的职业伦理法律势在必行。本书认为，制定职业伦理法律，应该主要包括立法目的、职业伦理规程、奖惩措施、监督等。例如，立法目的应为保证国家公职人员做到廉洁奉公、克己自律等；职业伦理规程则应包括伦理行为的标准、禁止的行为等。

2. 建立专门的职业伦理管理机构

西方一些发达国家均成立了专门的职业伦理管理机构，例如美国

---

① 孙鹏：《浅论我国公共管理中职业伦理的困境和对策》，《湖北省行政管理学会2008年年会论文集》。

设立了政府伦理办公室、加拿大设立了政府道德咨询办公室等，这些职业伦理管理机构，在实际工作中取得了良好的经验。我国可以借鉴西方国家的经验，建立专门的职业伦理管理机构。具体措施为：一是在行政关系上，可以在中央层面建立一个全国性的职业伦理管理机构，在地方层面成立与中央对应的职业伦理管理机构，全国性的职业伦理管理机构与地方职业伦理管理机关应该是行政隶属关系，这样便于统一管理和保障政策的有效实行。二是在职能设置上，全国性的职业伦理管理机构负责制定职业伦理的相关规章。地方职业伦理管理机构负责执行；同时，全国性的职业伦理管理机构和地方职业伦理管理机构都应具有培训、教育等职能。

3. 加强廉洁奉公的职业精神

廉洁奉公的职业精神是行政人员必须具备的职业伦理，它反映的是政府及行政人员的廉洁度。加强行政人员廉洁奉公的职业精神，需要做到：一是加强职业道德的教育培训。可以采取党校、行政院校、高校等相结合的方式，加强对行政人员进行教育培训，使其认识到在工作中必须遵守职业道德，认识到廉洁奉公的重要性。二是加强法律监督。加强法律监督，主要是通过《刑法》《公务员法》《党纪处分条例》等相关的法律法规及规范性文件对行政人员的监督，对以权谋私、贪污腐化的行政人员依法追究责任。三是加强公众监督。运用公众的力量，加强对行政人员的监督，以有效促进行政人员廉洁奉公。加强公众监督，可采取以下措施：一是扩大公众监督的渠道。政府可以通过"领导接待日"、信访、网络举报等扩大公众监督的渠道，以加强公众对行政人员的监督。二是向公众公开行政人员的信息。公众只有对行政人员的信息有比较全面的了解，才能有效对其进行监督，公开行政人员信息应包括个人信息、收入情况、财产情况等。

三　"破立"结合以优化行政制度

优化行政制度，要"破立"结合。换言之，就是要废除或修改不合理的行政制度，建立新的行政制度。优化我国的行政制度，包括对公务员制度的完善、行政决策制度的优化、行政执行制度的优化和行政监督制度的优化。

（一）公务员制度的完善

自《公务员法》颁布实施以来，我国公务员制度建设取得了巨大进步，在公务员招录、考核、培训等方面日趋规范。但是，这些环节却仍然存在着一些问题。为有效解决存在的问题，使公务员制度更具合理性，增强公务员制度对优秀人才的吸引力，需要对公务员制度进一步进行完善。在此，仅以完善考录制度和考核制度作为分析对象。

1. 完善考录制度

当前，我国公务员考录制度存在统一性不足，考录方式不科学等问题。这些问题的存在，影响了公务员考录的科学性和公正性。为此需要进一步完善公务员考录制度。

（1）规范地方考录的统一性。规范地方公务员考录的统一性，是在允许差异性的前提下尽量做到考录的统一性。具体来讲，一是统一地方公务员考录的试题题型。当前，我国中央公务员考试的题型相对于地方而言比较固定，地方公务员的考录题型应该借鉴中央公务员考录题型的设计方法，使各地公务员考录题型做到一致。这有利于平衡试题难度，增加考录的公平性。二是统一考试时间。这里所指的统一考试时间，不是硬性规定各地同一时间进行统一的考试，而是使各地公务员考试科目的时间长短要一致，而不是不同地方考试科目时间长短不一。

（2）改进考录方式。改进考录方式，主要是改进公务员面试环节。当前，我国公务员面试存在组织管理工作不充分、考官搭配不合理、监督不完善等问题。针对以上问题，改进方式如下：

首先，完善面试组织工作。一是合理安排工作人员。面试工作人员应该主要由考务人员和监督人员组成。考务人员负责面试的计分、记录等，监督人员主要负责对面试整个过程的监督。二是合理设置场地。对面试场地进行合理设置，要有明确的面试告知说明、流程说明，要布置好面试人员的等待场所，布置好面试现场的桌椅布局等。三是做好突发情况的保障工作。针对面试人员可能出现的生理疾病，要提前准备相应的医疗药品。

其次，合理配置考官。在考官的选择上，可以选取不同业务背景、专业背景的人员组成考官小组。这有利于拓展对面试问题认识的角度，可以防止"一边倒"的问题。考官小组的人员数应以奇数为宜，以便于计分和做决定。同时，考官的选取上要兼顾回避原则，以避免影响面试的公正性。

最后，加大面试监督力度。加大对公务员面试环节的监督，能够有效促进公务员考录的公平性和公正性。为此，具体做法是：一是加强对面试试题保密性的监督工作。监督人员要加强对面试试题的押送、保管、领取、启用、签字等一系列环节的监督。二是加强对面试考官组成的监督。监督考官组成人员中有无需要进行亲属回避的人员，有无提前接触面试者的考官等。三是加强对面试成绩统计的监督。监督人员要及时监督面试成绩的计算、公布，防止徇私舞弊行为发生。

2. 完善考核制度

公务员考核制度存在考核主体不全面以及专业化程度低、考核内容过于宏观、考核奖惩功能不健全等问题。针对这些问题，完善考核制度需要采取以下方式：

（1）建立多元考核主体，提高考核主体的专业化程度。对公务员进行考核，不能将考核仅仅局限在自我考核、直接领导考核、考核小组考核的范围内，要建立多元主体考核的机制。也就是说，需要将人民群众、单位同事、下属、服务对象一并纳入考核的主体之中，使公务员的考核做到更加全面。其原因在于：公务员来自人民群众，与人民群众有着天然的联系，人民群众是对公务员进行监督的重要力量，人民群众能够对公务员做出比较客观公正的考核评价；单位同事及下属对被考核的公务员的工作作风、道德品行、为人处世的态度等都有着直观和直接的了解，能够协助上级部门对被考核公务员作出更为深入的考核；将服务对象纳入考核主体之中，能够监督公务员提高服务的质量和效率。

同时，在建立多元考核主体的过程中，还需要提高考核主体的专业化程度。具体措施为：加强培训，以提高考评主体的管理技巧和熟练操作程序的能力;① 选拔坚持原则、作风正派、品行端正的人员作为考核主体对公务员进行考核;比较根本的是要加强政府机关人力资源管理队伍的专业化和资质化建设,为提高包括公务员考核在内的人力资源管理水平奠定坚实基础。②

(2) 进一步细化考核内容。公务员的考核内容包括德、能、勤、绩、廉五个方面,但是对于这五个方面的具体考核内容在当前并不明确和规范。也就是说,这五个方面的具体内容是什么,并没有一个统一的说明。这个问题的存在导致部分地区自行规定考核内容,使公务员考核缺乏规范性。为此,需要进一步细化这五个方面,明确其各自所含的具体内容。

在对"德"的考核中,要考核公务员的思想政治素养和道德品质。对思想政治素质的考核,具体包括政治理论水平、解读党政方针的能力等。对道德品质的考核,要考核个人品德、社会公德、职业道德等。其中个人品德的考核应指向个人修养、言谈举止等;社会公德的考核应考核其是否遵守公共秩序、是否扶弱济贫;职业道德的考核应指向是否爱岗敬业、是否热情服务等。

在对"能"的考核中,要考核业务能力、处事能力等。业务能力的考核包括完成工作的效率与质量、掌握业务知识的程度等;处事能力的考核包括决策能力、处理危机事件的能力、协调能力等。

在对"勤"的考核中,要考核出勤情况和工作努力情况。对出勤情况的考核,侧重是否经常迟到早退的考核;对工作努力情况的考核,侧重工作态度、工作时间长短的考核。

在对"绩"的考核中,主要是对公务员以下指标进行考核:起草文件材料、文档管理、活动的组织与安排、领导日程安排、日常事务的处理。③

---

① 刘耀臣:《我国公务员考核机制研究》,《天津行政学院学报》2007 年第 4 期。

② 徐君:《中国公务员考核运行机制:问题与对策》,《首都经济贸易大学学报》2007年第 4 期。

③ 王达梅:《我国公务员绩效考核指标体系的问题与对策》,《兰州大学学报》(社会科学版) 2009 年第 6 期。

在对"廉"的考核中，要考核公务员的廉洁情况，具体考核内容应该包括是否因受贿、贪污、以权谋私被人举报、是否被查实存在违法违纪的行为等。

（3）完善考核奖惩功能。在对公务员的考核中，既没有对"优秀"和"称职"的公务员实行有效的激励措施，也没有对"基本称职"和"不称职"的公务员实施有效的处理措施。因此，需要对考核奖惩功能进行完善，具体可采取以下措施：一是将"优秀""称职"的考核结果作为公务员职务晋升、工薪上涨的重要参考指标，同时，要适当对获得"优秀""称职"公务员进行物质奖励。二是加大对"基本称职""不称职"的公务员的处理力度。对"基本称职"的公务员要及时进行脱岗培训，对"不称职"的公务员要降级使用，对连续两年"不称职"的公务员坚决辞退。

（二）行政决策制度的优化

行政决策制度的优化，能够实现行政决策的科学化、民主化、法治化，对于改善我国行政决策环境，提高行政决策水平，具有重要作用。因此，优化行政决策制度，需要从以下几个方面进行：

1. 完善行政首长负责制

行政首长负责制在我国的行政决策制度中，具有能够缩短决策时间，提高决策效率等优点。但是，行政首长负责制也容易导致行政首长独断专行、行政决策"一言堂"等问题。因此需要完善行政首长负责制。

（1）加强立法，增强行政首长负责制的法治化程度。具体而言，首先要"抓紧修改《国务院组织法》和《地方组织法》，明确规定行政首长在本机关中的核心地位"。[①] 其次要整理和规范涉及行政首长负责制的制度，对不合理的制度要废止。最后要加强和完善行政首长负责制的程序法，使行政首长行使行政决策权时能够严格依照法定程序进行。

（2）完善行政首长的人事权。具体措施是：一是加强行政首长的

---

① 张立荣：《完善行政首长负责制的对策》，《中国行政管理》2004 年第 2 期。

"人事建议权"。行政首长可以就本单位工作人员的工作情况，向上级组织人事部门提出人事变更意见，再以法定程序由权力机关决定其去留。① 二是减少"副职"数量，以发挥行政首长负责制的优势。行政首长需要副职协助其工作，以弥补行政首长个人精力有限的问题，也便于工作效率的提高。但是，副职数量过多容易导致小团体主义和部门本位主义等问题的出现，从而牵制行政首长进行行政决策。因此，减少副职数量，合理配置副职，才能发挥行政首长负责制的优势，提高行政效率。

（3）切实加强对行政首长负责制实施监督。对行政首长实施有效监督，主要途径有三个：一是充分行使人大的质询权。本书所指的人大质询权，主要是指人大行使对行政首长做出的决策进行质询的权力，以达到有效地对行政首长进行监督的目的。具体而言，首先要确定质询的主体。依据我国现行的《宪法》《组织法》及《代表法》的相关规定，质询主体应该包括人大代表团、各级人大代表等。其次，要采取书面的形式，明确质询的问题和内容。最后，行政首长要及时就质询问题和内容做出回复。同时，对于不满意的回复，人大有权要求行政首长重新做出回复。二是强化对行政首长的责任追究。本书认为，应该着重加强对行政首长行政决策失职、失责两个方面的责任追究。其追究方式可根据责任轻重依次划分为行政处分、降级和引咎辞职三种。三是加强舆论监督。舆论监督主要指的是新闻媒体的监督，舆论监督可通过网络、报纸等向社会及时公布行政决策，并使其接受社会的监督。这种监督方式使行政首长在作决策时不敢独断专行，以避免个人决策失误而去承担责任。

2. 完善行政决策专家咨询制度

完善行政决策专家咨询制度，首先要增强专家咨询机构的独立性。本书认为，可以尝试将隶属于各级党委和政府的专家咨询机构单设出来，可直接在中央设立国家专家咨询委员会，各省、市设立专家咨询委员会分会；在领导关系上，国家专家咨询委员会接受国务院的

---

① 黄贤宏：《论完善行政首长负责制》，《中国法学》1999 年第 3 期。

领导，而各省市专家咨询委员会分会直接由国家专家咨询委员会对其实施领导和管理。这样使各级专家咨询机构不再接受当地党委和政府的领导，最大限度地降低其对专家咨询机构的干预。其次要加强专家咨询制度的规范。可以出台一部《专家咨询管理办法》，从专家资质、咨询内容、咨询程序等方面进行规范。例如，在对专家资质进行规定时，可以作如下考虑：参与省级以上专家咨询会议的专家，应该具备正高以上职称（教授或研究员），同时对本专业所研究的领域具备扎实的理论功底和独到的见解；参与省级以下专家咨询会议的专家，应该具备不低于副高以上的职称。在对咨询内容进行规定时，需要明确进行专家咨询的事项，本书认为，可以将政府医疗卫生改革、社会养老改革、煤气电价格调整等作为专家咨询的一部分组成内容。在对咨询程序进行规定时，本书认为，可以将程序设置为议题说明、专家讨论、异议排除、结果公布等。最后，提高专家自身素质。参与决策咨询专家的素质包括业务素质、沟通能力等。因此，提高专家自身素质也应主要从这两方面着手。一是提高业务素质。具体来讲，就是要增强专家对咨询问题的认知能力、理解能力，为此可以采取向专家介绍相关案例的共性和不同之处，以辅助专家加深对咨询问题的认识。二是增强沟通能力。途径有二：一是增强专家与委托人的沟通。专家与委托人之间要相互交流，使专家能够更为清楚地了解委托人的真实意图和想法。二是增强专家之间的沟通。专家之间要针对咨询问题从不同角度、不同专业领域进行相互沟通，以及时化解矛盾和意见分歧。

3. 完善行政决策风险评估制度

一是清晰界定"重大"行政决策风险评估的内容。针对当前"重大"行政决策风险评估内容模糊的问题，首先需要界定清楚"重大"行政决策风险评估内容有何特性，才能做好对"重大"行政决策风险评估内容的界定。本书认为，其特性应该为层级性、动态性。层级性是指中央到地方不同层级的政府所进行的风险评估的内容应是不同的。动态性是指"重大"行政决策风险评估的内容是不断调整和变化的。根据这两个特性，"重大"行政决策风险评估的主要内容应包括：

（1）中央层面：●机构改革的风险评估；

> ●宏观经济调控的风险评估；
> ●政策调整的风险评估。

（2）地方层面：●城市规划和建设的风险评估；

> ●金额巨大的政府投资风险评估；
> ●自然资源开发利用的风险评估；
> ●科教文卫建设方案的风险评估；
> ●社会治理风险评估。

二是提高评估的专业化水平。首先，完善风险评估的手段。可采取舆情跟踪、调查抽样、重点走访等手段。需要指出的是，本书所指的舆情，是公众对行政决策的态度。因此，舆情跟踪的方式主要是跟踪公众对行政决策的态度，及时掌握公众态度的变化，以对行政决策做出风险评估。调查抽样主要是以某一群体、某一阶层等为调查对象，通过分析其对行政决策的认知、反映等，来进行风险评估。重点走访的对象本书认为应为行政决策的直接对象，对其的走访关键是要分析行政决策所带来的变化和影响等。其次，增加风险评估的方法。可将头脑风暴法、德尔菲法、风险矩阵法等作为行政决策风险评估的方法。①头脑风暴法。采取头脑风暴法进行行政决策风险评估，要排除评论性的评价或判断，允许风险评估时发挥"自由想象"的空间，以尽可能多地提出风险评估设想和方案，最后针对这些设想和方案归纳出最佳评估方案来对行政决策进行风险评估。②德尔菲法。采取德尔菲法对行政决策进行风险评估，最大的优势在于其匿名评估性使行政决策风险评估免受权威的影响。具体做法就是将需要进行风险评估的行政决策反馈给不同专家，在经历了若干轮匿名评估之后，直至最终得出一致的评估意见才能停止评估。③风险矩阵法。风险矩阵法主要是对行政决策潜在风险的评估。具体评估步骤为先列出行政决策各种可能出现的潜在风险，然后再将这些潜在风险按照可能发生的程度进行数字排序（可以采取 0—10 数字区间排序，风险小的数值小，风险大的数值则大），然后再根据这些潜在风险可能产生影响的强弱进行排序，排序方法也是采取数字法（影响弱的数值小，影响强的数值大），最后得出风险矩阵图，并根据风险矩阵图提出预防措施。

4. 加强行政决策的透明度

加强行政决策的透明度，是优化行政决策制度的重要环节，也是扩大公众对政府知情权的一个重要渠道。究其原因，对于政府而言，加强行政决策的透明度，便于接受社会的监督；对于公众而言，加强政府行政决策的透明度，不仅使其能够了解政府决策信息，也能提高其参与政府事务管理的积极性。加强行政决策透明度的主要方式有以下几种：

（1）积极鼓励公众参与行政决策。政府要积极主动地鼓励公众参与到行政决策过程中来，使行政决策向公众公开，并吸收公众的意见。例如，可以通过扩大听证会的听证内容、听证人员数、听证次数等，充分保障公众参与到行政决策过程中来。

（2）及时公开行政决策。政府可以依托媒体、互联网、电视、广播等方式，及时向公众公布决策情况，使公众能够了解和掌握政府行政决策，以利于公众能够及时发现政府决策过程中出现的问题，以便政府做到及时纠偏。

5. 完善行政决策问责制

完善行政决策问责制，就是对做出错误决策、造成严重后果的行政人员进行追究。完善行政决策问责制，是优化行政决策制度的重要内容。因为它是对权责对等的印证。对行政决策问责制的完善，可从以下几个方面考虑：

（1）明确行政决策的权限。① 明确行政决策的权限，是为了避免在出现行政决策失误时，推卸责任或者是无人承担责任问题的出现。明确行政决策的权限，要做到三个"明确"，即明确哪些问题需要通过集体讨论来决定，哪些问题可以由个人来决定，还要明确哪些问题需要上级做决定等。具体来说，涉及重要或者是重大问题时需要集体决策，例如人事任免问题、城市建设、资源开采利用问题等。由个人决定的事项应包括一般的资金划拨、日常事务的管理等。需要上级做决定的事项，可以理解为超出下级职权范围的任何事项。

---

① 刘学彬：《论完善行政决策问责制》，《四川行政学院学报》2007 年第 6 期。

（2）建立行政决策违法审查制度。[①] 行政决策违法审查制度，是指特定的国家机关，为保证行政决策的科学化、民主化、法治化，通过国家法律、法规等对行政决策是否合法进行审查，以及时纠正和制裁违法进行行政决策的行为。具体来讲，建立行政决策违法制度的途径可以有：一是建立专门的行政决策违法审查机构。该机构应该是独立的审查机构，其独立性应该体现在独立于政府，但接受人大的领导、直接对人大负责。其原因在于，独立于政府能够有效避免政府对其审查活动的控制或干扰；接受人大的领导并对人大负责，既能保证其自身审查的合法性，又能保证其审查的法律效力。二是建立司法诉讼制度。通过司法诉讼制度的建立，可以将行政决策违法行为纳入司法程序予以追究，以保证各级行政决策中对宪法和法律的有效遵守，以及对行政决策违宪、违法行为的及时追究。[②]

（3）改进行政决策监督机制。监督与责任是相互联系的，无责任就无所谓监督，无监督就必然导致决策失控而出现违法决策。[③] 因此，需要进一步改进行政决策监督机制。其具体措施有：一是加强行政机关内部监督。首先是加强上级对下级的监督。上级要加强对下级进行行政决策时的监督，防止下级行政决策出现越权。同时，能够对作出错误行政决策的行政人员实行问责。其次是行政监察机关进行监督。行政监察机关对行政决策进行监督，目的是防止行政决策出现滥权或者违法行为。二是加强外部监督。外部监督主要依靠新闻媒体、公众等对行政决策进行监督。外部监督对行政决策的问责具有影响力比较大、范围比较广的特点，已经成为行政决策问责的重要手段。

（三）行政执行制度的优化

行政执行制度的优化，可以通过加强行政执行的沟通制度、保障制度及监控制度进行。

---

① 梁仲明、王建军：《论中国行政决策机制的改革和完善》，《西北大学学报》（哲学社会科学版）2003 年第 3 期。

② 同上。

③ 刘学彬：《论完善行政决策问责制》，《四川行政学院学报》2007 年第 6 期。

1. 加强行政执行沟通制度建设

加强行政执行沟通制度的建设，是为了保证行政执行的顺利进行。行政执行的沟通，指的是上级部门与下级部门之间的沟通、执行主体与执行对象之间的沟通。由于行政决策可能存在不符合地方实际情况、行政决策本身不科学等问题，容易导致行政决策在实际执行中遭遇抵制。因此，需要加强行政执行的沟通，使行政决策得到及时修正，以便促进行政执行的有效进行。具体来讲，一是要加强上级部门与下级部门之间沟通。上级部门要向下级说明执行的理由，向下级解释所要执行的政策、规章等的要求；而下级部门要及时向上级反映执行中的困难，以便得到妥善的解决。二是加强执行主体与执行对象之间的沟通。执行主体若要取得良好的执行效果，需要获得执行对象的理解和支持。因此，执行主体要向执行对象做好执行解释工作，以便化解执行中可能出现的矛盾，促进行政执行顺利进行。

2. 加强行政执行保障制度建设

行政执行离不开物质保障，也就是说离不开人、财、物等物质基础。没有人、财、物等，行政执行将无法实施。因此，需要加强行政执行保障制度的建设：一是提升执行主体的执行能力。具体而言，就是提升行政执行主体对决策的认知能力、执行沟通能力、执行手段选择的能力等。执行主体的执行能力直接决定着行政执行的效果。二是提高财力。行政执行离不开财力保障，没有财力作支撑，行政执行犹如"巧妇难为无米之炊"，无法进行。因此，政府可通过增加财政支出的方式以增强行政执行的财力基础。三是改善物质条件。改善行政执行的物质条件指的是改善执行过程中所依赖的设备、工具等。改善行政执行的物质条件，有利于提高行政执行的效率。

3. 加强行政执行监控制度建设

为保证行政执行最大限度地不发生偏差，需要加强行政执行监控制度的建设。加强行政执行的监控制度，主要措施有：一是加强事前监控。事前监控就是在行政执行开始之前就实施的监控，这个阶段的监控是为了保证行政执行开始之前各项事项的到位。具体来讲，事前监控是对执行的方案、执行时将采取的手段等进行反复核查，以保证在执行开始前能够最大限度地采取最佳执行方案和执行手段。二是加强事中监控。所谓事中监控，就是对行政执行过程的监督和控制。加强事中监控的目的是在行政执行过程中及时发现问题，以便有效地解决问题，防止执行偏差。事中监控的内容主要有：①监控行政执行是否"选择执行"。也就是说，要监控行政执行是否严格按照执行要求进行，是否只是对执行方案的部分执行。②监控行政执行是否"歪曲执行"。就是监控行政执行过程有没有曲解或者故意改变执行方案的初衷。三是加强事后监控。行政执行完成后，并不意味着行政执行的彻底结束，还需要对执行结果进行监控。加强对执行结果的事后监控，是为了对执行效果进行评估，以利于有效掌握行政执行后的具体状况。对执行的事后监控，主要是监控行政执行对社会产生的影响。这种影响分为积极影响和消极影响。对于行政执行所带来的积极影响，要做好对行政执行成功经验的总结；对于行政执行所带来的消极影响，要及时纠正行政执行的不足，以消除给社会带来的不良影响。

（四）行政监督制度的优化

1. 提高行政监督的系统性

当前我国行政监督缺乏系统性，突出表现在各监督机构之间缺乏足够的配合和交流，导致行政监督系统性不强。为此，提高行政监督的系统性，需要进行以下改进：一是"应建立一个具有权威性、能够独立行使职权的综合性协调机构，负责对各监督主体的监督目标和活动过程进行总体把握、具体指导和综合协调"。① 这样，才能够有效地提高行政监督的系统性，防止政出多门、各自为政问题的出现。本书认为，该机构可以将法制办、应急办、政府办等职能部门进行合并，以成立一个独立的综合协调机构，负责协调和监督职责。二是加强各监督部门之间的交流与合作。各监督部门之间，要注重在平时多进行沟通交流，相互取长补短，以利于在合作时形成默契。本书认为，要着重处理好党的监督部门与司法监督部门、人大监督部门与司法监督

① 曾维涛：《完善我国行政监督体制的几点思考》，《江西财经大学学报》2006 年第 5 期。

部门之间的沟通。首先，要加强党的监督部门与人大监督部门之间的沟通。其主要做法就是互通监督情况，同时人大要给予党的监督以法律指导，以保证党的监督依法进行。其次，要加强人大监督部门与司法监督部门之间的沟通交流。其做法主要是人大监督部门向司法监督部门做好法律解释的工作，促使司法监督部门能够正确地理解法律法规并使其得到正确理解和顺利执行，从而提高监督的效率。

2. 加强行政监督的立法

行政监督立法是依法实行行政监督的前提和基础。[1] 而当前，我国行政监督的立法并不完善，相关行政监督的法律法规还不是很全面，总体上难以满足行政监督的需要。因此，加强行政监督的立法势在必行。本书认为：应该制定专门针对行政监督的法律，以有效地对行政监督进行法律规范。例如，可以制定《监督法》《行政监督程序法》《反腐败法》《新闻法》《举报法》等。

3. 完善外部监督机制

外部监督机制对行政监督而言也是一支强有力的力量。它能从行政外部的视角进行监督，对行政监督起到重要的补充作用。完善外部监督机制需要做到以下几点：

第一，加强新闻媒体的监督作用。新闻媒体的监督具有快速、高效性，它能够及时将监督信息向社会公众发布。因此，加强新闻媒体的监督，能够使其充分发挥监督作用。但是，加强新闻媒体的监督需要优化以下几个方面：一是提高新闻从业者的业务素质。主要是提高新闻工作者的业务技能和工作能力。良好的业务素质才能使新闻监督客观公正。二是增强新闻媒体监督的法律意识。新闻媒体的监督要依法进行，要遵循法律程序和规定，不能违反法律法规的规定进行非法监督。[2] 三是充分发挥新闻媒体监督载体的作用。载体指的是文字监督和广播电视监督。文字监督主要是通过报纸、杂志

---

① 杨建淮：《论我国行政监督体制的完善》，《青岛行政学院学报》2010 年第 1 期。

② 黄健柏、李奇：《借鉴行政生态理论探求我国监督行政机制改革之路》，《广东行政学院学报》2005 年第 3 期。

等方式进行监督，广播电视监督主要是通过广播电台、电视视频、计算机等进行监督。要充分发挥文字监督和广播电视监督，需要加大对监督事项的曝光力度，对各种违法违纪行为要进行深入的解读和批评，对其形成震慑作用；另外，还需要将监督对象的违法违纪行为通过文字监督和广播监督向上级部门传达，使上级部门及时了解情况。

第二，加强公众监督的作用。加强公众监督，一是加强信访监督。首先，政府可拓展信访的渠道，使公众能够有效地通过信访检举揭发违法违纪行政人员。本书认为，除现有的各级信访局、信访办外，要拓展信访渠道，如可专门设立省、市、县、乡、村五级信访服务中心，并在服务中心成立专门的信访接待、矛盾调解、监督调查等窗口，为信访监督提供便利。其次，要健全信访举报奖励机制，对提供重要价值线索的公众予以奖励，以提高公众举报违法违纪行政人员的积极性。具体可采取以下措施：①完善信访举报奖励制度。包括完善奖励审核制度、奖励发放制度、奖励金额设定等。完善奖励审核制度，需要对拟奖励对象的奖励缘由提交信访部门主要领导审核并同意。奖励发放制度的完善要从公开发放和秘密发放入手，对于公开发放的奖励要有相关的证书和奖金，并实行严格的发放程序，对于秘密发放奖励要坚决做好保密工作。奖励金额的设定，要根据地区经济状况的差异、举报人贡献的大小来设定。②提高奖励经费保障。提高奖励经费可通过增加财政专项拨款和接受社会资助基金等方式来实现。最后，要加强对信访公众的保护，使其举报材料得到严格保密。信访部门可以将信访公众的举报材料进行分门别类的档案归口管理，采取严格的保管措施和保管程序，使调阅举报材料的行为必须得到主管领导的批准。二是加强公众网络监督。首先，扩大网络监督的内容。可采取的措施主要有：①将政府财政开支作为公众网络监督的内容。政府要及时将各项财政开支公布在网络上，让公众及时了解并实施监督。②将行政人员个人收入及财产情况作为公众网络监督的内容。可将行政人员的工资收入、奖励收入等，以及个人所拥有的住房数量、车子数量、存款数额等公布在网络上，使公众能够比较全面地通过网络对其实施监督。其次，增强政府对网络监督的回应性。政府可以通过政府门户网站、BBS 论坛、电子邮件等方式，对公众提出的质疑、举报的内容等及时做出回应，以使公众监督能够切实得到保障。

结　　论

　　当今世界，随着经济、技术的发展，一体化趋势越来越强，各国之间尤其是主要国家之间的竞争也日趋激烈，而且这种竞争不再局限于硬实力方面，软实力也纳入其中。软实力涉及众多子领域，包括国家软实力、政治软实力、经济软实力、文化软实力、区域软实力、行政软实力等。其中，政府行政软实力建设是各国政府在国际竞争中面临的一个重大问题。目前，有关中国政府行政软实力建设的问题尚未引起学界的关注，无法为相关实践提供应有的理论支撑，这亟须加强。

　　行政软实力是以一国的自然资源、人口等客观因素为基础，以行政文化、行政伦理、行政制度为核心构成，对行政组织的基本属性与组织形态、行政人员的履职素养与履职行为、行政权力的行使取向与运行规则产生内在精神导引、外在制度规范效用，并通过行政系统展现于外的一种能力。其核心构成要素包括行政文化、行政伦理和行政制度。其中，行政文化包含行政价值观、行政意识及行政心理等元素；行政伦理包含个人伦理和职业伦理等元素；行政制度包含公务员制度、行政决策制度、行政执行制度、行政监督制度等元素。其主要特征表现为表柔内刚性、精神导引性、行为规范性和深层促进性等方面。其主要的理论来源包括软实力理论、行政文化理论、行政伦理理论和新制度主义理论等。在功效上，行政软实力具有提升政府治理能力、改善政府形象和建设"善"的政府等作用。

　　目前，中国政府行政软实力建设中，在行政文化建设方面，参与式、问责式、服务型行政价值观，民主、法治、公平、正义的行政意识，为民服务的行政心理得到加强，但还存在"官本位"现象依旧盛行、民主行政思想不强、法治行政思想并未充分实现、行政动机取向个人主义等问题。在行政伦理建设方面，个人伦理的建设比较重视对行政人员行政伦理的教育和行政责任的培育，职业伦理建设比较注重廉洁奉公和勤政等方面的建设，但仍然存在行政道德失范、行政人格异化、受传统行政文化不良因素影响等问题。在行政制度建设方面，公务员制度已经建立了比较严格的考录制度、考核制度等，公务员考录和考核等实现了初步的公平、公正，但依然存在考录方式不科学、考录时间不统一、考核内容不全面等问题；行政决策制度建立了行政首长负责制、信息公开制度、专家咨询制度、论证评估制度及分管领导制度，行政决策科学化、民主化、法治化程度得到提升，但行政决策"一言堂"、专家咨询过程中专家素质参差不齐、论证评估手段不健全等问题依旧未化解；行政执行制度虽然明确了执行主体和执行流程，但是在实际的行政执行中仍遭遇政令执行不畅、执行部门配合不力等问题；行政监督制度通过完善党内监督、行政机关内部监督、立法机关监督及舆论监督等进一步规范了行政权力的运行，但还存在监督主体多元无序、监督法律法规不健全、监督环节单一等问题。

为有效解决中国政府行政软实力建设中存在的问题，美国、法国和日本的相关经验值得借鉴。比方说，美国对公务员的考核采取定量与定性相结合的方式，行政执行注重执行前的执行方式的选择；法国行政调解员制度赋予行政调解员较大的独立性和监督权；日本有专门的国家公务员伦理审查委员会对公务员伦理进行监督和审查，并对违反行政伦理的公务员做出处罚等。

为提升中国政府行政软实力，在总体思路上，需要符合政府改革的理念，使行政软实力的提升符合政府改革时所秉持的思想、价值取向、方法、措施；由于行政文化、行政伦理和行政制度在行政软实力的建设中承载着不同的任务和功能，因此需同时推进其建设与发展。在基本原则上，要坚持以社会主义核心价值体系为指导的原则，使其成为提升行政软实力的价值指引、文化坐标；坚持法治的原则，使提升行政软实力有法可依、依法进行；坚持优良的传统行政思想与现代行政思想相结合的原则，使行政软实力提升既立足现代又兼顾历史。

在具体对策方面，要找准定位以完善行政文化，消除"官本位"，完善行政价值观、行政意识和行政心理；要内外兼修以改进个人伦理和职业伦理；要"破立"结合以优化行政制度，完善公务员制度，健全行政决策制度、行政执行制度和行政监督制度。

参考文献

一 著作类

（一）外文译著

1. ［美］B. 盖伊·彼得斯：《政治科学中的制度主义："新制度主义"》（第二版），王向民、段红伟译，上海世纪出版集团 2011 年版。

2. ［美］B. 盖伊·彼得斯：《政府未来的治理模式》，吴爱明、夏宏图译，中国人民大学出版社 2013 年版。

3. ［美］道格拉斯·C. 诺思：《制度、制度变迁与经济绩效》，杭行译，三联书店 2008 年版。

4. ［美］H. 乔治·弗雷德里克森：《新公共行政》，丁煌、方兴译，中国人民大学出版社 2011 年版。

5. ［美］保罗·肯尼迪：《大国的兴衰》，陈景彪译，国际文化出版公司 2006 年版。

6. ［美］多丽斯·A. 格拉伯：《沟通的力量——公共组织信息管理》，张熹珂译，复旦大学出版社 2007 年版。

7. ［澳］欧文·E. 休斯：《公共管理导论》（第二版），彭和平译，中国人民大学出版社 2001 年版。

8. ［美］斯科特·戈登：《控制国家——从古代雅典到今天的宪政史》，应奇译，江苏人民出版社 2005 年版。

9. ［美］特里·L. 库珀：《行政伦理学：实现行政责任的途径》，张秀琴译，中国人民大学出版社 2011 年版。

10. ［美］文森特·奥斯特罗姆：《美国公共行政思想的危机》，毛寿龙译，上海三联书店 1999 年版。

11. ［法］夏尔·德巴什：《行政科学》，葛智强译，上海译文出版社 2000 年版。

12. ［日］新渡户稻造：《武士道》，张俊彦译，武汉出版社 1993 年版。

13. ［美］约翰·克莱顿·托马斯：《公共决策中的公民参与》，孙柏瑛译，中国人民大学出版社 2010 年版。

14. ［美］约翰·罗尔斯：《正义论》，何怀宏、何包钢译，中国社会科学出版社 1988 年版。

15. ［美］约瑟夫·奈：《美国霸权的困惑》，郑志国译，世界知识出版社 2002 年版。

16. ［美］约瑟夫·奈：《软实力：世界政坛成功之道》，吴晓辉、钱程译，东方出版社 2005 年版。

17. ［美］詹姆斯·库泽斯、巴里·波斯纳：《领导力》，李丽林、杨振东译，电子工业出版社 2004 年版。

（二）中文著作

1.《邓小平文选》（1975—1982），人民出版社 1983 年版。

2.《邓小平文选》（第一卷），人民出版社 1994 年版。

3.《马克思恩格斯全集》（第十九卷），人民出版社 1956 年版。

4.《马克思恩格斯选集》（第 2 版）（第二卷），人民出版社 1995 年版。

5.《尚书·皋陶谟》。

6.《孙中山全集》（第八卷），中华书局 1985 年版。

7.《政治学辞典》，上海辞书出版社 2009 年版。

8. 郭济、高小平等：《行政管理体制改革：思路和重点》，国家行政学院出版社 2007 年版。

9. 韩勃、江庆勇：《软实力：中国视角》，人民出版社 2009 年版。

10. 洪威雷、芦文龙：《行政文化学》，武汉大学出版社 2009 年版。

11. 江泽民：《在庆祝中国共产党成立七十周年大会上的讲话》，《十三大以来重要文献选编》（下册），人民出版社 1996 年版。

12. 李德顺：《价值论》，中国人民大学出版社 1987 年版。

13. 李和中：《比较公务员制度》，中共中央党校出版社 2003 年版。

14. 李军鹏：《责任政府与政府问责制》，人民出版社 2009 年版。

15. 马国庆、楼阳生：《区域软实力的理论与实施》，中国社会科学出版社 2007 年版。

16. 潘小娟：《法国行政体制》，中国法制出版社 1997 年版。

17. 彭文贤：《行政生态学》，台湾三民书局 1988 年版。

18. 施雪华：《政治现代化比较研究》，武汉大学出版社 2006 年版。

19. 石亚军：《中国行政管理体制实证研究——问卷调查数据分析》，中国政法大学出版社 2010 年版。

20. 石亚军：《中国行政管理体制专项问卷调查数据统计》，中国政法大学出版社 2008 年版。

21. 梯利：《伦理学概论》，中国人民大学出版社 1987 年版。

22. 汪安佑：《国家软实力》，中国社会科学出版社 2010 年版。

23. 王沪宁：《行政生态分析》，复旦大学出版社 1989 年版。

24. 王名扬：《美国行政法》，中国法制出版社 1995 年版。

25. 王伟：《行政伦理概述》，人民出版社 2001 年版。

26. 韦庆远、柏桦：《中国政治制度史》（第 2 版），中国人民大学出版社 2005 年版。

27. 吴琼恩、周光辉等：《公共行政学》，北京大学出版社 2006 年版。

28. 肖鸣政：《国家公务员考评教程》，中央民族大学出版社 1995 年版。

29. 谢庆奎、燕继荣等：《中国政府体制分析》，中国广播电视出版社 1995 年版。

30. 辛明：《制度论》，人民出版社 2005 年版。

31. 许嘉：《权力与国际政治》，长征出版社 2001 年版。

32. 薛刚凌：《行政体制改革研究》，北京大学出版社 2006 年版。

33. 张国庆：《公共行政学》，北京大学出版社 2007 年版。

34. 张国庆：《行政管理学概论》，北京大学出版社 2000 年版。

35. 张康之：《公共管理伦理学》，中国人民大学出版社 2003 年版。

36. 朱光磊：《当代中国政府过程》（修订版），天津人民出版社 2002 年版。

37. 朱仁显：《中国传统行政思想》，福建人民出版社 2002 年版。

二 论文类

1. 曹东：《近年来国内外关于软实力研究的综述》，《领导科学》2009
   年 12 月（中）。

2. 曹任何：《行政文化与政治文化概念的比较分析》，《学术论坛》
   2004 年第 3 期。

3. 曾维涛：《完善我国行政监督体制的几点思考》，《江西财经大学学
   报》2006 年第 5 期。

4. 陈玉刚：《试论全球化背景下中国软实力的构建》，《国际观察》
   2007 年第 2 期。

5. 程天权：《提高国家软实力：一个重大的现实课题》，《教学与研
   究》2008 年第 2 期。

6. 丁煌：《浅谈法国公务员制度的廉政机制》，《法国研究》1999 年
   第 2 期。

7. 董建新：《解析行政伦理》，《暨南学报》（人文科学与社会科学
   版）2004 年第 3 期。

8. 董立人、寇晓宇、陈荣德：《关于中国的"软实力"及其提升的思
   考》，《探索》2005 年第 1 期。

9. 段忠桥：《论经济基础的构成》，《哲学研究》1995 年第 2 期。

10. 冯洁、洪俊浩：《对国外软实力理论研究的考察》，《当代传播》
    2011 年第 6 期。

11. 顾肃：《论国家软实力的政治和文化维度》，《江苏行政学院学报》
    2011 年第 3 期。

12. 郭树勇：《新国际主义与中国软实力外交》，《国际观察》2007 年
    第 2 期。

13. 罕岳：《行政文化与中国现代化》，《政治学研究》1998 年第
    2 期。

14. 胡健：《文化软实力研究：中国的视角》，《社会科学》2011 年第
    5 期。

15. 黄金辉、丁忠毅：《中国国家软实力研究述评》，《社会科学》

2010 年第 5 期。

16. 黄贤宏：《论完善行政首长负责制》，《中国法学》1999 年第 3 期。

17. 贾海涛：《"文化软实力"理论的演进与新突破》，《社会科学》2011 年第 5 期。

18. 蒋英州、叶娟丽：《国家软实力研究述评》，《武汉大学学报》（哲学社会科学版）2009 年第 2 期。

19. 井敏：《服务型政府中的公民角色：积极公民而不是顾客》，《湖北行政学院学报》2007 年第 4 期。

20. 孔祥仁：《美国财产申报制度简介》，《中国监察》2001 年第 8 期。

21. 黎慈：《美国公务员财产申报制度及其启示——从萨默斯的财产申报风波说起》，《云南行政学院学报》2009 年第 5 期。

22. 李海青：《当代西方参与民主理论评析》，《国外社会科学》2009 年第 4 期。

23. 李沫：《我国行政伦理法典化的背景、困境与运作构想》，《吉林大学社会科学学报》2009 年第 6 期。

24. 李鹏飞：《行政良心的三个基本问题》，《前沿》2007 年第 12 期。

25. 李霞、李婧：《构建中国软实力的意义及路径研究》，《湖北经济学院学报》（人文社科版）2010 年第 5 期。

26. 李永洪、毛玉楠：《理解制度：对政治学中制度研究范式的再思考——兼论新旧制度主义政治学的差异》，《社会科学论坛》2010 年第 3 期。

27. 李正治、张凤莲：《试论区域软实力与区域经济的发展》，《理论月刊》2009 年第 5 期。

28. 梁仲明、王建军：《论中国行政决策机制的改革和完善》，《西北大学学报》（哲学社会科学版）2003 年第 3 期。

29. 廖为建：《论政府形象的构成与传播》，《中国行政管理》2001 年第 3 期。

30. 林育明：《关于构建服务型行政文化的思考》，《福建广播电视大学学报》2010 年第 6 期。

31. 刘菲:《美国公务员引咎辞职制度及其启示》,《安庆师范学院学报》(社会科学版)2008 年第 5 期。

32. 刘红波:《一站式政府的概念解析与角色定位》,《电子政务》2012 年第 8 期。

33. 刘绛华:《国家软实力分析》,《江西行政学院学报》2007 年第 4 期。

34. 刘可风:《论中国行政伦理问题及其实质》,《武汉大学学报》(人文科学版)2003 年第 3 期。

35. 刘敏军:《当代中国行政问责制度的发展:成就、问题与对策》,《佛山科学技术学院学报》(社会科学版)2007 年第 2 期。

36. 刘湘宁:《论行政伦理的监督机制》,《长沙大学学报》2005 年第 3 期。

37. 刘欣、李永洪:《新旧制度主义政治学研究范式的比较分析》,《云南行政学院学报》2009 年第 6 期。

38. 刘学彬:《论完善行政决策问责制》,《四川行政学院学报》2007 年第 6 期。

39. 刘耀臣:《我国公务员考核机制研究》,《天津行政学院学报》2007 年第 4 期。

40. 陆彩鸣、徐小军:《我国行政问责制建设的现状、缺陷及完善》,《中共银川市委党校学报》2008 年第 6 期。

41. 罗国亮:《干部人事制度:新中国 60 年的演变与启示》,《理论与现代化》2009 年第 6 期。

42. 罗中枢:《深化干部人事制度改革:历史·现实·路径》,《四川大学学报》(哲学社会科学版)2010 年第 5 期。

43. 马海霞:《文化资源与文化产业理论研究》,《新疆师范大学学报》(哲学社会科学版)2008 年第 1 期。

44. 门洪华:《中国软实力评估报告》,《国际观察》2007 年第 2 期。

45. [美]蒙哥马利·范瓦特:《公共管理的价值根源》,《经济与社会体制比较》2002 年第 4 期。

46. 缪家福:《论行政生态价值观与政府职能转变》,《云南行政学院学报》2004 年第 5 期。

47. 庞京城：《论行政监督》，《海南大学学报》（社会科学版）1994 年第 2 期。

48. 齐明山、李彦娅：《公共行政价值、公共利益与公共责任——政府公共权力科学运作的三维构架》，《学术界》（总第 121 期）2006 年。

49. 齐明山：《对新公共管理的几点反思》，《北京行政学院学报》2003 年第 5 期。

50. 任慧：《法国的公务员制度及其对我国的启示》，《成都行政学院学报》2011 年 5 月。

51. 荣仕星：《关于我国行政制度改革的若干思考》，《中共中央党校学报》2004 年第 1 期。

52. 施雪华、邓集文：《中国行政问责制的现状及完善对策》，《探索与争鸣》2009 年 6 月。

53. 石国亮：《新公共行政伦理与政府软实力建设》，《社会科学研究》2009 年第 2 期。

54. 时和兴：《当代中国行政文化的特点及其走向》，《南京社会科学》1994 年第 4 期。

55. 孙鹏：《浅论我国公共管理中职业伦理的困境和对策》，《湖北省行政管理学会 2008 年年会论文集》。

56. 台州市发展和改革委员会课题组：《弘扬人文精神，提升台州软实力》，《浙江经济》2006 年第 8 期。

57. 汤琳俊：《我国立法听证制度的瑕疵及其缘由》，《华东政法大学学报》2007 年第 4 期。

58. 唐兴霖：《里格斯的行政生态理论述评》，《上海行政学院学报》2000 年第 3 期。

59. 田雅琴：《日本行政监察制度管窥》，《中国检察》2005 年第 8 期。

60. 田兆阳：《论行政首长负责制与权力制约机制》，《政治学研究》1999 年第 2 期。

61. 田兆阳：《研究中国传统行政文化从何入手》，《中国行政管理》

2000 年第 1 期。

62. 万健琳：《参与式民主理论述评：基于公民身份的政治》，《国外社会科学》2010 年第 1 期。

63. 万君宝：《论软实力的基本理论模型与中国软实力的最新发展态势》，《上海交通大学学报》（哲学社会科学版）2010 年第 5 期。

64. 汪大海、唐德龙：《从"发展主义"到"以人为本"——双重转型背景下中国公共管理的路径转变》，《中国行政管理》2005 年第 4 期。

65. 汪信砚：《普世价值·价值认同·价值共识——当前我国价值论研究中三个重要概念辨析》，《学术研究》2009 年第 11 期。

66. 王达梅：《我国公务员绩效考核指标体系的问题与对策》，《兰州大学学报》（社会科学版）2009 年第 6 期。

67. 王沪宁：《作为国家实力的文化：软权力》，《复旦学报》（社会科学版）1993 年第 3 期。

68. 王剑敏、闻署明：《新时期政府形象建设探析》，《苏州大学学报》（哲学社会科学版）2004 年第 2 期。

69. 王金水：《新制度主义对改善决策方式的思考及其意义》，《中国人民大学学报》2010 年第 6 期。

70. 王敬波：《法国独立行政机构及其借鉴意义》，《国家行政学院学报》2007 年第 3 期。

71. 王克良、柏良泽：《试论知识精英与政治精英的结合》，《政治学研究》1989 年 4 月。

72. 王湘军：《我国行政执法监督机制研究》，《北京工业大学学报》（社会科学版）2011 年第 4 期。

73. 王正平：《当代美国行政伦理的理论与实践》，《伦理学研究》2003 年第 7 期。

74. 王正平：《美国行政伦理的基本价值理念及其规范制度建设》，《上海师范大学学报》（哲学社会科学版）2008 年第 6 期。

75. 邬旭东：《美国行政审批制度改革对我国的启示》，《安徽广播电视大学学报》2008 年第 1 期。

76. 吴超：《新中国六十年信访制度的历史考察》，《中共党史研究》

2009 年第 11 期。

77. 吴光芸、唐兵：《论区域软实力及其对区域经济发展的影响》，《学习与实践》2009 年第 5 期。

78. 徐君：《中国公务员考核运行机制：问题与对策》，《首都经济贸易大学学报》2007 年第 4 期。

79. 许少民、张祖兴：《约瑟夫·奈软实力学说再评述》，《国际论坛》2011 年第 5 期。

80. 严存生：《论法治原则与我国的法治实践》，《甘肃政法学院学报》1999 年第 1 期。

81. 阎学通：《软实力的核心是政治实力》，《世纪行》2007 年第 6 期。

82. 颜佳华、王升平：《近百年来西方行政价值观演变的特征、规律及趋势探析》，《中国行政管理》2008 年第 8 期。

83. 杨柄君、李启康：《美国公务员考核制度分析及其启示》，《行政与法》2005 年第 8 期。

84. 杨光斌：《公民参与和当下中国的治道变革》，《社会科学研究》2009 年第 1 期。

85. 杨洪刚：《战后日本官僚制和政治经济发展》，《云南行政学院学报》2003 年第 1 期。

86. 杨建淮：《论我国行政监督体制的完善》，《青岛行政学院学报》2010 年第 1 期。

87. 杨嵘均：《构建社会主义和谐社会的行政伦理规范体系——对我国行政伦理规范建设的思考》，《行政论坛》2005 年第 6 期。

88. 姚琦：《论孙中山的行政价值观》，《云南行政学院学报》2007 年第 5 期。

89. 应松年：《行政审批制度改革：反思与创新》，《学术前沿》2012 年第 5 期。

90. 袁洪英：《社会公平：现代公共行政的价值诉求》，《求索》2006 年第 3 期。

91. ［美］约瑟夫·奈：《从"软实力"到"巧实力"》，《南风窗》2009 年第 13 期。

92. ［日］增岛俊之：《日本行政改革的最新动向》，《中国行政管理》1998 年第 3 期。

93. 张成福、杨兴坤：《行政伦理建设：来自日本的经验》，《陕西行政学院学报》2009 年 8 月。

94. 张康之：《行政文化在行政人格塑造中的作用》，《青海社会科学》1999 年第 6 期。

95. 张康之：《论公共行政中的价值评价问题》，《天津社会科学》2000 年第 5 期。

96. 张坤世、阮琼：《美国的行政公开制度》，《中国行政管理》1999 年第 2 期。

97. 张立荣：《行政制度的涵义、特征及功能探析》，《社会主义研究》2002 年第 3 期。

98. 张立荣：《完善行政首长负责制的对策》，《中国行政管理》2004 年第 2 期。

99. 张利军：《政治参与视角下立法听证会的困境与机遇》，《经济社会体制比较》2012 年第 4 期。

100. 张莉：《法国政务公开述评》，《行政法学研究》2004 年第 2 期。

101. 张强：《政府责任模式的演变及其启示》，《华南师范大学学报》（社会科学版）2004 年第 5 期。

102. 章建敏：《行政人员道德责任的缺失与建设路径》，《科学社会主义》2010 年第 1 期。

103. 章晓可：《中日信访法规比较研究》，《中国行政管理》2006 年第 12 期。

104. 郑焱明：《论"官本位"意识的根源、危害及治理对策》，《江西社会科学》2003 年第 5 期。

105. 周桂银、严雷：《从软实力理论看美国霸权地位的变化》，《解放军国际关系学院学报》2005 年第 1 期。

106. 周敏凯：《解读责任政府的两项主要目标：民主责任意识与全面责任制度》，《中国行政管理》2004 年第 4 期。

107. 周晓宏、王小毅等：《区域软实力及其综合评价体系研究》，《技术经济》2007 年第 6 期。

108. 朱慧涛：《日本行政审批制度改革的启示》，《地方政府管理》2001 年 5 月。

109. 朱芒：《行政处罚听证制度的功能——以上海听证制度的实施现状为例》，《法学研究》2003 年第 5 期。

110. 邹凯、马葛生：《社区服务公众满意度测评研究》，《中国软科学》2009 年第 3 期。

三　外文文献

1. Barzelay, M. and B. J. Armajani, *Breaking Through Bureaucracy: A New Vision of Managing Government*, Berkeley: University of California Press, 1992.

2. Bill Powell, *The Limits of Power*, *Time*, July 19, 2007.

3. John J. Dilulio, Jr., *Deregulating the Public Service: Can Government be Improved?*, The Brookings Institution, 1994.

4. John Yemma, "The Americanization of the World", *Boston Global*, July 28, 1996.

5. Joseph S. Nye, "Thinking Again: Soft Power", *Foreign Policy*, 1 March 2006.

6. Joshua Kurlantzick, "China's Charm: Implications of Chinese Soft Power", Policy Brief", *Carnegie Endowment for International Peace*, June 2006.

7. Obert Keohane ed., *Neorealism and Its Critics*, New York: Columbia University Press, 1986.

8. Sreeram Chaulia, "IANS, India's Soft Power: Lessons from Nehru", *Whereincity News*, March 2007.

9. Thomas Lum, Wayne M. Morrison, "Bruce Vaughn, China's 'Soft Power' in Southeast Asia", *CRS Report for Congress*, January 4, 2008.

致　　谢

本书的成稿、修改完善以及出版，凝聚了许多人无私的奉献。笔者十分清楚，离开他们，这本书是无法面世的。在此，笔者万分感激他们。

感恩笔者的导师石亚军教授。石老师公务繁忙，但是总能从百忙之中抽出时间，耐心倾听笔者的学习汇报，并提出指导意见。尤其是本书的创作，石老师不厌其烦地反复提出修改意见，才使笔者能够克服一个又一个难点，最终形成本书完整的架构和翔实的内容。

感恩中国政法大学政治与公共管理学院研工办吴意芬老师。吴老师对笔者倾注了很多心血和帮助。对于本书的写作，吴老师给予笔者很多的宽容和理解。

感恩笔者的师兄、中国政法大学政治与公共管理学院副教授王湘军。湘军师兄多次帮笔者一起对本书进行修改和完善，才使笔者度过最困难的时期。为有这样一位师兄，笔者三生有幸！

感恩中国行政管理学会执行副会长鲍静研究员，中国人民大学孙柏瑛教授，中国政法大学刘俊生教授、屈超立教授、鲁照旺教授。各位老师为本书的进一步完善提出了重要的宝贵意见。

感恩笔者的同学、西南大学讲师马千里。千里对本书同样提出了中肯的意见，使笔者加深了对相关概念的理解。

感恩中国社会科学出版社刘晓红女士。刘晓红女士为本书提出了宝贵的意见，并不厌其烦地为本书进行校正、审核。正是刘晓红女士这种专业精神和工作作风，才使本书能够规范出版。

感恩贵州财经大学公管学院王飞跃院长、蒋馨岚副院长、阎小红老师等，没有你们的支持、鼓励，就没有本书的出版。

　　最后，感恩笔者妻子和家人。没有你们的支持和理解，笔者也不会顺利地完成本书！

　　再次感恩以上所有的人！